PREFÁCIO

A coleção de frases de viagem "Vai tudo correr bem!" publicada pela T&P Books é concebida para pessoas que vão ao estrangeiro em viagens de turismo e negócios. Os livros de frases contêm o que é mais importante - o essencial para uma comunicação básica. Este é um conjunto indispensável de frases para "sobreviver" no estrangeiro.

Este Guia de Conversação irá ajudá-lo na maioria das situações em que precise de perguntar alguma coisa, obter direções, saber quanto custa algo, etc. Pode também resolver situações de difícil comunicação onde os gestos simplesmente não ajudam.

Este livro contém uma série de frases que foram agrupadas de acordo com os tópicos mais relevantes. A edição também inclui um pequeno vocabulário que contém aproximadamente 3.000 das palavras mais frequentemente usadas. Outra secção do Guia de Conversação fornece um dicionário gastronômico que pode ajudá-lo a pedir comida num restaurante ou comprar alimentos numa loja.

Leve consigo para a estrada o Guia de Conversação "Vai tudo correr bem!" e terá um companheiro de viagem insubstituível, que irá ajudá-lo a encontrar o seu caminho em qualquer situação e ensiná-lo a não recear falar com estrangeiros.

TABELA DE CONTEÚDOS

T&P Books Publishing

Coleção Guias de Conversação
"Vai tudo correr bem!"

T&P Books Publishing

GUIA DE CONVERSAÇÃO
ÁRABE

Andrey Taranov

AS PALAVRAS E AS FRASES MAIS ÚTEIS

Este guia de conversação contém frases e perguntas comuns essenciais para uma comunicação básica com estrangeiros

T&P BOOKS

Frases + dicionário de 3000 palavras

Guia de Conversação Português-Árabe e vocabulário temático 3000 palavras

Por Andrey Taranov

A coleção de frases de viagem "Vai tudo correr bem!" publicada pela T&P Books é concebida para pessoas que vão ao estrangeiro em viagens de turismo e negócios. Os livros de frases contêm o que é mais importante - o essencial para uma comunicação básica. Este é um conjunto indispensável de frases para "sobreviver" no estrangeiro.

Este livro também inclui um pequeno vocabulário temático que contém aproximadamente 3.000 das palavras mais frequentemente usadas. Outra secção do Guia de Conversação disponibiliza um dicionário gastronômico que pode ajudá-lo a pedir comida num restaurante ou comprar alimentos numa loja.

Editora T&P Books
www.tpbooks.com

ISBN: 978-1-78716-957-9

Este livro também está disponível em formato E-book.
Por favor visite www.tpbooks.com ou as principais livrarias on-line.

PRONÚNCIA

Alfabeto fonético T&P	Exemplo Árabe	Exemplo Português
[a]	طفَّى [ṭaffa]	chamar
[ã]	إختار [iχtãr]	rapaz
[e]	هامبورجر [hamburger]	metal
[i]	زفاف [zifãf]	sinónimo
[ī]	أبريل [abrīl]	cair
[u]	كلكتا [kalkutta]	bonita
[ū]	جاموس [ʒãmūs]	trabalho
[b]	بداية [bidãya]	barril
[d]	سعادة [saʿãda]	dentista
[ḍ]	وضع [waḍʿ]	[d] faringealizãda
[ʒ]	الأرجنتين [arʒantīn]	talvez
[ð]	تذكار [tiðkãr]	[th] faringealizãdo
[z]	ظهر [zahar]	[z] faringealizãda
[f]	خفيف [χafīf]	safári
[g]	جولف [gūlf]	gosto
[h]	إتّجاه [ittiʒãh]	[h] aspirada
[ḥ]	أحبّ [aḥabb]	[h] faringealizãda
[y]	ذهبيّ [ðahabiy]	géiser
[k]	كرسيّ [kursiy]	kiwi
[l]	لمح [lamaḥ]	libra
[m]	مرصد [marṣad]	magnólia
[n]	جنوب [ʒanūb]	natureza
[p]	كابتشينو [kaputʃīnu]	presente
[q]	وثق [waθiq]	teckel
[r]	روح [rūḥ]	riscar
[s]	سخريّة [suχriyya]	sanita
[ṣ]	معصم [miʿṣam]	[s] faringealizãda
[ʃ]	عشاء [ʿaʃãʾ]	mês
[t]	تنّوب [tannūb]	tulipa
[ṭ]	خريطة [χarīṭa]	[t] faringealizãda
[θ]	ماموث [mamūθ]	[s] - fricativa dental surda não-sibilante
[v]	فيتنام [vitnãm]	fava
[w]	ودَع [waddaʿ]	página web
[χ]	بخيل [baχīl]	fricativa uvular surda
[ɣ]	تغدّى [taɣadda]	agora

5

Alfabeto fonético T&P	Exemplo Árabe	Exemplo Português
[z]	[mã'iz] ماعز	sésamo
['] (ayn)	[sab'a] سبعة	fricativa faríngea sonora
['] (hamza)	[sa'al] سأل	oclusiva glotal

LISTA DE ABREVIATURAS

Abreviaturas do Árabe

du	-	substantivo plural (duplo)
f	-	nome feminino
m	-	nome masculino
pl	-	plural

Abreviaturas do Português

adj	-	adjetivo
adv	-	advérbio
anim.	-	animado
conj.	-	conjunção
desp.	-	desporto
etc.	-	etecetra
ex.	-	por exemplo
f	-	nome feminino
f pl	-	feminino plural
fem.	-	feminino
inanim.	-	inanimado
m	-	nome masculino
m pl	-	masculino plural
m, f	-	masculino, feminino
masc.	-	masculino
mat.	-	matemática
mil.	-	militar
pl	-	plural
prep.	-	preposição
pron.	-	pronome
sb.	-	sobre
sing.	-	singular
v aux	-	verbo auxiliar
vi	-	verbo intransitivo
vi, vt	-	verbo intransitivo, transitivo
vp	-	verbo pronominal
vt	-	verbo transitivo

T&P BOOKS

GUIA DE
CONVERSAÇÃO
ÁRABE

Esta secção contém frases
importantes que podem vir
a ser úteis em várias
situações da vida real.
O Guia de Conversação irá
ajudá-lo a pedir orientações,
esclarecer um preço,
comprar bilhetes e pedir
comida num restaurante

T&P Books Publishing

CONTEÚDO DO GUIA DE CONVERSAÇÃO

T&P Books Publishing

O mínimo

Desculpe, ...	ba'd ezznak, ... ،بعد إذنك
Olá!	ahlan أهلا
Obrigado /Obrigada/.	ʃokran شكراً
Adeus.	ella alliqā' إلى اللقاء
Sim.	aywā أيوة
Não.	la'a لأ
Não sei.	ma'raʃʃ ما أعرفش
Onde? | Para onde? | Quando?	feyn? | lefeyn? | emta? إمتى؟ | لفين؟ | فين؟

Preciso de ...	mehtāg ... ... محتاج
Eu queria ...	'āyez ... ... عايز
Tem ...?	ya tara 'andak ...? يا ترى عندك...؟
Há aqui ...?	feyh hena ...? فيه هنا ...؟
Posso ...?	momken ...? ممكن ...؟
..., por favor	... men faḍlak ... من فضلك

Estou à procura de ...	ana badawwar 'la ... ... أنا بادور على
casa de banho	ḥammām حمام
Multibanco	makīnet ṣarraf 'āaly ماكينة صراف آلي
farmácia	ṣaydaliya صيدلية
hospital	mostaʃfa مستشفى
esquadra de polícia	'essm el ʃorṭa قسم شرطة
metro	metro el anfā' مترو الأنفاق

táxi	taksi
	تاكسي
estação de comboio	mahattet el 'attr
	محطة القطر

Chamo-me ...	essmy ...
	إسمي...
Como se chama?	essmak eyh?
	اسمك إيه؟
Pode-me dar uma ajuda?	te'ddar tesā'dny?
	تقدر تساعدني؟
Tenho um problema.	ana 'andy moʃkela
	أنا عندي مشكلة
Não me sinto bem.	ana ta'bān
	أنا تعبان
Chame a ambulância!	otlob 'arabeyet eṣ'āf!
	!أطلب عربية إسعاف
Posso fazer uma chamada?	momken a'mel moҟalma telefoniya?
	ممكن أعمل مكالمة تليفونية؟

Desculpe.	ana 'āṣsif
	أنا آسف
De nada.	el 'afw
	العفو

eu	ana
	أنا
tu	enta
	أنت
ele	howwa
	هو
ela	hiya
	هي
eles	homm
	هم
elas	homm
	هم
nós	eḥna
	احنا
vocês	entom
	انتم
você	haḍḍretak
	حضرتك

ENTRADA	doҟūl
	دخول
SAÍDA	ҟorūg
	خروج
FORA DE SERVIÇO	'atḷān
	عطلان
FECHADO	moɣlaq
	مغلق

ABERTO	maftūḥ
	مفتوح
PARA SENHORAS	lel sayedāt
	للسيدات
PARA HOMENS	lel regāl
	للرجال

Perguntas

Onde?	feyn? فين؟
Para onde?	lefeyn? لفين؟
De onde?	men feyn? من فين؟
Porquê?	leyh? ليه؟
Porque razão?	le'ayī sabab? لأي سبب؟
Quando?	emta? إمتى؟

Quanto tempo?	lehadd emta? لحد إمتى؟
A que horas?	fi ayī sā'a? في أي ساعة؟
Quanto?	bekām? بكام؟
Tem ...?	ya tara 'andak ...? يا ترى عندك ...؟
Onde fica ...?	feyn ...? فين ...؟

Que horas são?	el sā'a kām? الساعة كام؟
Posso fazer uma chamada?	momken a'mel moçkalma telefoniya? ممكن أعمل مكالمة تليفونية؟
Quem é?	meyn henāk? مين هناك؟
Posso fumar aqui?	momken addaχen hena? ممكن أدخن هنا؟
Posso ...?	momken ...? ممكن ...؟

Necessidades

Eu gostaria de ...	aḥebb ... ... أحب
Eu não quero ...	meſ 'āyiz ... ... مش عايز
Tenho sede.	ana 'attʃān أنا عطشان
Eu quero dormir.	'āyez anām عايز أنام

Eu queria ...	'āyez ... ... عايز
lavar-me	atʃattaf أتشطف
escovar os dentes	aɣsel senāny أغسل سناني
descansar um pouco	artāḥ ʃwaya أرتاح شوية
trocar de roupa	aɣayar hodūmy أغير هدومي

voltar ao hotel	arga' lel fondoq أرجع للفندق
comprar ...	ʃerā' ... ... شراء
ir para ...	arūḥ le... ...أروح لـ
visitar ...	azūr ... ... أزور
encontrar-me com ...	a'ābel ... ... أقابل
fazer uma chamada	a'mel mokalma telefoniya أعمل مكالمة تليفونية

Estou cansado /cansada/.	ana ta'bān أنا تعبان
Nós estamos cansados /cansadas/.	eḥna ta'bānīn إحنا تعبانين
Tenho frio.	ana bardān أنا بردان
Tenho calor.	ana ḥarran أنا حران
Estou bem.	ana kowayes أنا كويس

Preciso de telefonar.

mehtāg a'mel mokalma telefoneya

محتاج أعمل مكالمة تليفونية

Preciso de ir à casa de banho.

mehtāg arūḥ el ḥammam

محتاج أروح الحمام

Tenho de ir.

lāzem amʃy

لازم أمشي

Tenho de ir agora.

lāzem amʃy dellwa'ty

لازم أمشي دلوقتي

Perguntando por direções

Desculpe, ...	ba'd ezznak, ... ،بعد إذنك
Onde fica ...?	feyn ...? ؟... فين
Para que lado fica ...?	meneyn ...? ؟... منين
Pode-me dar uma ajuda?	momken tesā'edny, men faḍlak? ممكن تساعدني، من فضلك؟

Estou à procura de ...	ana badawwar 'la ... ... أنا بادور على
Estou à procura da saída.	baddawwar 'la ṭarīq el χorūg بادور على طريق الخروج

Eu vou para ...	ana rāyeḥ le... ...أنا رايح لـ
Estou a ir bem para ...?	ana māʃy fel ṭarīq el ṣaḥḥ le ...? ؟ ...أنا ماشي في الطريق الصح لـ

Fica longe?	howwa be'īd? هو بعيد؟
Posso ir até lá a pé?	momken awṣal ḥenāk māʃy? ممكن أوصل هناك ماشي؟

Pode-me mostrar no mapa?	momken tewarrīny 'lal χarīṭa? ممكن توريني على الخريطة؟
Mostre-me onde estamos de momento.	momken tewarrīny eḥna feyn dellwa'ty? ممكن توريني إحنا فين دلوقتي؟

Aqui	hena هنا
Ali	henāk هناك
Por aqui	men hena من هنا

Vire à direita.	oddχol yemīn ادخل يمين
Vire à esquerda.	oddχol ʃemal ادخل شمال
primeira (segunda, terceira) curva	awwel (tāny, tālet) ʃāre' أول (تاني، تالت) شارع

para a direita	'lal yemīn
	على اليمين
para a esquerda	'lal ʃemal
	على الشمال
Vá sempre em frente.	'la ṭūl
	على طول

Sinais

BEM-VINDOS!	marḥaba مرحبا
ENTRADA	doχūl دخول
SAÍDA	χorūg خروج

EMPURRAR	eddfaʻ إدفع
PUXAR	ess-ḥab إسحب
ABERTO	maftūḥ مفتوح
FECHADO	moχlaq مغلق

PARA SENHORAS	lel sayedāt للسيدات
PARA HOMENS	lel regāl للرجال
HOMENS, CAVALHEIROS (m)	el sāda السادة
SENHORAS (f)	el sayedāt السيدات

DESCONTOS	taχfīdāt تخفيضات
SALDOS	okazyōn اوكازيون
GRATUITO	maggānan مجانا
NOVIDADE!	gedīd! جديد!
ATENÇÃO!	ennttabeh! إنتبه!

NÃO HÁ VAGAS	mafīʃ makān ما فيش مكان
RESERVADO	maḥgūz محجوز
ADMINISTRAÇÃO	el edāra الإدارة
ACESSO RESERVADO	lel ʻāmelīn faqaṭ للعاملين فقط

CUIDADO COM O CÃO	ehhtaress men el kalb! إحترس من الكلب!
NÃO FUMAR!	mammnū' el tadχīn! ممنوع التدخين!
NÃO MEXER!	mammnū' el lammss! ممنوع اللمس!
PERIGOSO	χaṭīr خطير
PERIGO	χaṭar خطر
ALTA TENSÃO	gohd 'āly جهد عالي
PROIBIDO NADAR	mammnū' el sebāḥa! ممنوع السباحة!

FORA DE SERVIÇO	'aṭṭlān عطلان
INFLAMÁVEL	qābel lel eʃte'āl قابل للإشتعال
PROIBIDO	mammnū' ممنوع
PASSAGEM PROIBIDA	mammnū' el taχaṭṭy! ممنوع التخطي!
PINTADO DE FRESCO	ṭalā' ḥadiis طلاء حديث

FECHADO PARA OBRAS	moχlaq lel tagdedāt مغلق للتجديدات
TRABALHOS NA VIA	aʃχāl fel ṭarīq أشغال في الطريق
DESVIO	monḥany منحنى

Transportes. Frases gerais

avião	tayāra طيارة
comboio	'attr قطر
autocarro	otobiis اوتوبيس
ferri	safīna سفينة
táxi	taksi تاكسي
carro	'arabiya عربية

horário	gadwal جدول
Onde posso ver o horário?	a'dar aʃūf el gadwal feyn? أقدر أشوف الجدول فين؟
dias de trabalho	ayām el ossbū' أيام الأسبوع
fins de semana	nehāyet el osbū' نهاية الأسبوع
férias	el 'agazāt الأجازات

PARTIDA	el saffar السفر
CHEGADA	el wosūl الوصول
ATRASADO	mett'xara متأخرة
CANCELADO	molɣā ملغاه

próximo (comboio, etc.)	el gayī الجاي
primeiro	el awwel الأول
último	el 'axīr الأخير

Quando é o próximo ...?	emta el ... elly gayī? إللي جاي؟ ... إمتى الـ
Quando é o primeiro ...?	emta awwel ...? إمتى اول ...؟

Quando é o último ...?
emta 'āχer ...?
إمتى آخر ...؟

transbordo
tabdīl
تبديل

fazer o transbordo
abaddel
أبدل

Preciso de fazer o transbordo?
hal ahtāg le tabdīl el...?
هل أحتاج لتبديل الـ...؟

Comprando bilhetes

Onde posso comprar bilhetes?	meneyn momken aʃtery tazāker? منين ممكن أشتري تذاكر؟
bilhete	tazzkara تذكرة
comprar um bilhete	ʃerā' tazāker شراء تذاكر
preço do bilhete	as'ār el tazāker أسعار التذاكر

Para onde?	lefeyn? لفين؟
Para que estação?	le'ayī maḥatta? لأي محطة؟
Preciso de ...	meḥtāg ... محتاج ...
um bilhete	tazzkara waḥda تذكرة واحدة
dois bilhetes	tazzkarteyn تذكرتين
três bilhetes	talat tazāker تلات تذاكر

só de ida	zehāb faqaṭṭ ذهاب فقط
de ida e volta	zehāb we 'awda ذهاب وعودة
primeira classe	daraga ūla درجة أولى
segunda classe	daraga tanya درجة ثانية

hoje	el naharda النهاردة
amanhã	bokra بكرة
depois de amanhã	ba'd bokra بعد بكرة
de manhã	el sobḥ الصبح
à tarde	ba'd el ẓohr بعد الظهر
ao fim da tarde	bel leyl بالليل

lugar de corredor	korsy mammar
	كرسي ممر
lugar à janela	korsy ʃebbāk
	كرسي شباك
Quanto?	bekām?
	بكام؟
Posso pagar com cartão de crédito?	momken addfaʿ þe kart eʾtemān?
	ممكن أدفع بكارت إئتمان؟

Autocarro

autocarro	el otobiis
	الأوتوبيس
camioneta (autocarro interurbano)	otobiis beyn el moddon
	أوتوبيس بين المدن
paragem de autocarro	mahattet el otobiis
	محطة الأوتوبيس
Onde é a paragem de autocarro mais perto?	feyn aqrab mahattet otobiis?
	فين أقرب محطة أوتوبيس؟

número	raqam
	رقم
Qual o autocarro que apanho para ...?	'āχod ayī otobiis le ...?
	أخذ أي أوتوبيس لـ...؟
Este autocarro vai até ...?	el otobiis da beyrūh ...?
	الأوتوبيس دة بيروح ...؟
Com que frequência passam os autocarros?	el otobiis beyīgi kol 'add eyh?
	الأوتوبيس بيجي كل قد إيه؟

de 15 em 15 minutos	kol χamasstāʃar daqīqa
	كل 15 دقيقة
de meia em meia hora	kol noṣṣ sā'a
	كل نص ساعة
de hora a hora	kol sā'a
	كل ساعة
várias vezes ao dia	kaza marra fel yome
	كذا مرة في اليوم
... vezes ao dia	... marrat fell yome
	... مرات في اليوم

horário	gadwal
	جدول
Onde posso ver o horário?	a'dar aʃūf el gadwal feyn?
	أقدر أشوف الجدول فين؟
Quando é o próximo autocarro?	emta el otobīss elly gayī?
	إمتى الأتوبيس إللي جاي؟
Quando é o primeiro autocarro?	emta awwel otobiis?
	إمتى أول أوتوبيس؟
Quando é o último autocarro?	emta 'āχer otobiis?
	إمتى آخر أوتوبيس؟

paragem	mahatta
	محطة
próxima paragem	el mahatta el gaya
	المحطة الجاية

última paragem

axer mahatta

آخر محطة (أخر الخط)

Pare aqui, por favor.

laww samaht, wa'eff hena

لو سمحت، وقف هنا

Desculpe, esta é a minha paragem.

ba'd ezznak, di mahattetti

بعد إذنك، دي محطتي

Comboio

comboio	el 'aṭṭr القطر
comboio sub-urbano	'aṭṭr el dawāhy قطر الضواحي
comboio de longa distância	'aṭṭr el masāfāt el ṭawīla قطر المسافات الطويلة
estação de comboio	mahaṭṭet el 'aṭṭr محطة القطر
Desculpe, onde fica a saída para a plataforma?	ba'd ezznak, meneyn el ṭarīq lel raṣīf بعد إذنك، منين الطريق للرصيف؟

Este comboio vai até ...?	el 'aṭṭr da beyrūh ...? القطر دة بيروح ...؟
próximo comboio	el 'aṭṭr el gayī? القطر الجاي؟
Quando é o próximo comboio?	emta el 'aṭṭr elly gayī? إمتى القطر إللي جاي؟
Onde posso ver o horário?	a'dar aʃūf el gadwal feyn? أقدر أشوف الجدول فين؟
Apartir de que plataforma?	men ayī raṣīf? من أي رصيف؟
Quando é que o comboio chega a ...?	emta yewṣal el 'aṭṭr ...? إمتى يوصل القطر ... ؟

Ajude-me, por favor.	argūk sā'dny ارجوك ساعدني
Estou à procura do meu lugar.	baddawwar 'lal korsy betā'y بادور على الكرسي بتاعي
Nós estamos à procura dos nossos lugares.	ehna benndawwar 'la karāsy إحنا بندور على كراسي
O meu lugar está ocupado.	el korsy betā'i maʃɣūl الكرسي بتاعي مشغول
Os nossos lugares estão ocupados.	karaseyna maʃɣūla كراسينا مشغولة

Peço desculpa mas este é o meu lugar.	'ann ezznak, el korsy da betā'y عن إذنك، الكرسي دة بتاعي
Este lugar está ocupado?	el korsy da mahgūz? الكرسي دة محجوز؟
Posso sentar-me aqui?	momken a''od hena? ممكن أقعد هنا؟

No comboio. Diálogo (Sem bilhete)

Bilhete, por favor.
tazāker men faḍlak
تذاكر من فضلك

Não tenho bilhete.
ma'andīʃ tazzkara
ما عنديش تذكرة

Perdi o meu bilhete.
tazzkarty dā'et
تذكرتي ضاعت

Esqueci-me do bilhete em casa.
nesīt tazzkarty fel beyt
نسيت تذكرتي في البيت

Pode comprar um bilhete a mim.
momken teʃtery menny tazkara
ممكن تشتري مني تذكرة

Terá também de pagar uma multa.
lāzem teddfa' γarāma kaman
لازم تدفع غرامة كمان

Está bem.
tamām
تمام

Onde vai?
enta rāyeḥ feyn?
إنت رايح فين؟

Eu vou para ...
ana rāyeḥ le...
أنا رايح لـ...

Quanto é? Eu não entendo.
bekām? ana meʃ fāhem
بكام؟ أنا مش فاهم

Escreva, por favor.
ektebha laww samaḥt
إكتبها لو سمحت

Está bem. Posso pagar
com cartão de crédito?
tamām. momken addfa' be kredit kard?
تمام. ممكن أدفع بكريدت كارد؟

Sim, pode.
aywā momken
أيوة ممكن

Aqui tem a sua fatura.
ettfaddal el īsāl
اتفضل الإيصال

Desculpe pela multa.
'āssef beχeṣūṣ el γarāma
آسف بخصوص الغرامة

Não tem mal. A culpa foi minha.
mafīʃ moʃkela. di γalṭety
ما فيش مشكلة. دي غلطتي

Desfrute da sua viagem.
esstammte' be reḥlatek
استمتع برحلتك

Taxi

táxi	taksi
	تاكسي
taxista	sawwā' el taksi
	سواق التاكسي
apanhar um táxi	'āχod taksi
	أخد تاكسي
paragem de táxis	maw'af taksi
	موقف تاكسي
Onde posso apanhar um táxi?	meneyn āχod taksi?
	منين أخد تاكسي؟

chamar um táxi	an taṭlob taksi
	أن تطلب تاكسي
Preciso de um táxi.	aḥtāg taksi
	أحتاج تاكسي
Agora.	al'āan
	الآن
Qual é a sua morada?	ma howa 'ennwānak?
	ما هو عنوانك؟
A minha morada é ...	'ennwāny fi ...
	عنواني في ...
Qual o seu destino?	ettegāhak?
	إتجاهك؟
Desculpe, ...	ba'd ezznak, ...
	بعد إذنك، ...
Está livre?	enta fāḍy?
	إنت فاضي؟
Em quanto fica a corrida até ...?	bekām arūh...?
	بكام أروح...؟
Sabe onde é?	te'raf hiya feyn?
	تعرف هي فين؟

Para o aeroporto, por favor.	el maṭār men faḍlak
	المطار من فضلك
Pare aqui, por favor.	wa'eff hena, laww samaḥt
	وقف هنا، لو سمحت
Não é aqui.	meʃ hena
	مش هنا
Esta morada está errada. (Não é aqui)	da 'enwān ɣalat
	دة عنوان غلط
Vire à esquerda.	oddχol ʃemal
	ادخل شمال
Vire à direita.	oddχol yemīn
	ادخل يمين

Quanto lhe devo?	ʻlayī līk ḳām? عليّ لك كام؟
Queria fatura, por favor.	ʻāyez īṣāl men faḍlak. عايز إيصال، من فضلك.
Fique com o troco.	χally el bāʾy خللي الباقي
Espere por mim, por favor.	momken tesstannāny laww samaḥt? ممكن تستناني لو سمحت؟
5 minutos	χamas daqāʾeq خمس دقائق
10 minutos	ʻaʃar daqāʾeq عشر دقائق
15 minutos	robʻ sāʻa ربع ساعة
20 minutos	telt sāʻa تلت ساعة
meia hora	noṣṣ sāʻa نص ساعة

Hotel

Olá!	ahlan
	أهلا
Chamo-me ...	essmy ...
	إسمي ...
Tenho uma reserva.	'andy ḥaggz
	عندي حجز

Preciso de ...	meḥtāg ...
	محتاج ...
um quarto de solteiro	ɣorfa moffrada
	غرفة مفردة
um quarto de casal	ɣorfa mozzdawwaga
	غرفة مزدوجة
Quanto é?	se'raha kām?
	سعرها كام؟
Está um pouco caro.	di ɣalya ʃewaya
	دي غالية شوية

Não tem outras opções?	'andak xayarāt tanya?
	عندك خيارات تانية؟
Eu fico com ele.	haxod-ha
	ح أخدها
Eu pago em dinheiro.	ḥaddfa' naqqdy
	ح أدفع نقدي

Tenho um problema.	ana 'andy moʃkela
	أنا عندي مشكلة
O meu ... está partido /A minha ... está partida/.	... maksūr
	مكسور...
O meu ... está avariado /A minha ... está avariada/.	... 'aṭlān /'aṭlāna/
	/عطلان /عطلانة...
televisor (m)	el televizyōn
	التليفزيون
ar condicionado (m)	el takyīf
	التكييف
torneira (f)	el ḥanafiya (~ 'aṭlāna)
	الحنفية

duche (m)	el doʃ
	الدش
lavatório (m)	el banyo
	البانيو
cofre (m)	el xāzena (~ 'aṭlāna)
	الخازنة

fechadura (f)	'effl el bāb قفل الباب
tomada elétrica (f)	maxrag el kahraba مخرج الكهربا
secador de cabelo (m)	mogaffef el ʃa'r مجفف الشعر

Não tenho ...	ma'andīʃ ... ما عنديش ...
água	maya مية
luz	nūr نور
eletricidade	kahraba كهربا

Pode dar-me ...?	momken teddīny ...? ممكن تديني ...؟
uma toalha	fūta فوطة
um cobertor	battaneya بطانية
uns chinelos	ʃebʃeb شبشب
um roupão	robe روب
algum champô	ʃambū شامبو
algum sabonete	ṣabūn صابون

Gostaria de trocar de quartos.	ahebb aɣayar el oḍa أحب أغير الأوضة
Não consigo encontrar a minha chave.	meʃ lā'y meftāhy مش لاقي مفتاحي
Abra-me o quarto, por favor.	momken tefftah oḍḍty men faḍlak? ممكن تفتح أوضتي من فضلك؟
Quem é?	meyn henāk? مين هناك؟
Entre!	ettfaḍḍal! إتفضل!
Um minuto!	daqīqa wāheda! دقيقة واحدة!
Agora não, por favor.	meʃ dellwa'ty men faḍlak مش دلوقتي من فضلك

Venha ao meu quarto, por favor.	ta'āla oḍḍty laww samaḥt تعالى أوضتي لو سمحت
Gostaria de encomendar comida.	'āyez talab men xeddmet el wagabāt عايز طلب من خدمة الوجبات
O número do meu quarto é ...	raqam oḍḍty howa ... رقم أوضتي هو ...

Estou de saída ...	ana mãʃy ... أنا ماشي ...
Estamos de saída ...	ehna maʃyīn ... إحنا ماشيين ...

agora	dellwa'ty دلوقتي
esta tarde	ba'd el zohr بعد الظهر
hoje à noite	el leyla di الليلة دي
amanhã	bokra بكرة
amanhã de manhã	bokra el ṣobh بكرة الصبح
amanhã ao fim da tarde	bokra bel leyl بكرة بالليل
depois de amanhã	ba'd bokra بعد بكرة

Gostaria de pagar.	ahebb aḍfaʿ أحب أدفع
Estava tudo maravilhoso.	kol ʃeyʾ kan rãʾeʿ كل شيء كان رائع
Onde posso apanhar um táxi?	feyn momken alãʾy taksi? فين ممكن ألاقي تاكسي؟
Pode me chamar um táxi, por favor?	momken toṭṭlob lī taksi laww samaḥt? ممكن تطلب لي تاكسي لو سمحت؟

Restaurante

Posso ver o menu, por favor?
momken aʃūf qā'ema el ṭaʿām
men faḍlak?
ممكن أشوف قائمة الطعام من فضلك؟

Mesa para um.
tarabeyza le ʃaxṣ wāḥed
ترابيزة لشخص واحد

Somos dois (três, quatro).
ehna etneyn (talāta, arbaʿa)
إحنا اتنين (ثلاثة، أربعة)

Para fumadores
modaxenīn
مدخنين

Para não fumadores
ɣeyr moddaxenīn
غير مدخنين

Por favor!
laww samaḥt
لو سمحت

menu
qā'emat el ṭaʿām
قائمة الطعام

lista de vinhos
qā'emat el nebīz
قائمة النبيذ

O menu, por favor.
el qā'ema, laww samaḥt
القائمة، لو سمحت

Já escolheu?
mosstaʿed toṭṭlob?
مستعد تطلب؟

O que vai tomar?
hatāxod eh?
ح تاخد إيه؟

Eu quero ...
ana hāxod ...
أنا ح أخد ...

Eu sou vegetariano /vegetariana/.
ana nabāty
أنا نباتي

carne
laḥma
لحم

peixe
samakk
سمك

vegetais
xodār
خضار

Tem pratos vegetarianos?
ʿandak aṭṭbāq nabātiya?
عندك أطباق نباتية؟

Não como porco.
lā 'āakol el xanzīr
لا أكل الخنزير

Ele /ela/ não come porco.
howwa /hiya/ la tākol el laḥm
هو/هي/ لا تأكل اللحم

Sou alérgico /alérgica/ a …
'andy ḥasasseya men …
عندي حساسية من ...

Por favor, pode trazer-me …?
momken tegīb lī …
ممكن تجيب لي...

sal | pimenta | açucar
melḥ | felfel | sokkar
سكر ا فلفل ا ملح

café | chá | sobremesa
'ahwa | ʃāy | ḥelw
حلو ا شاي ا قهوة

água | com gás | sem gás
meyāh | ɣaziya | 'adiya
عادية ا غازية ا مياه

uma colher | um garfo | uma faca
maʕlaʔa | ʃowka | sekkīna
سكينة ا شوكة ا ملعقة

um prato | um guardanapo
ṭabaq | fūṭa
فوطةا طبق

Bom apetite!
bel hana wel ʃefa
بالهنا والشفا

Mais um, por favor.
waḥda kamān laww samaḥt
واحدة كمان لو سمحت

Estava delicioso.
kanet lazīza geddan
كانت لذيذة جدا

conta | troco | gorjeta
ʃīk | fakka | baʔʃīʃ
بقشيشا فكةا شيك

A conta, por favor.
momken el ḥesāb laww samaḥt?
ممكن الحساب لو سمحت؟

Posso pagar com cartão de crédito?
momken addfaʕ be kart eʔtemān?
ممكن أدفع بكارت إئتمان؟

Desculpe, mas tem um erro aqui.
ana 'āssif, feyh ɣaḷṭa hena
أنا آسف، في غلطة هنا

Centro Comercial

Posso ajudá-lo /ajudá-la/?

momken asaʿdak?
ممكن أساعدك؟

Tem ...?

ya tara ʿandak ...?
يا ترى عندك ...؟

Estou à procura de ...

ana badawwar ʿla ...
أنا بادور على ...

Preciso de ...

mehtāg ...
محتاج ...

Estou só a ver.

ana battfarrag
أنا بأتفرج

Estamos só a ver.

ehna benettfarrag
إحنا بنتفرج

Volto mais tarde.

hāgy baʿdeyn
ح أجي بعدين

Voltamos mais tarde.

haneygy baʿdeyn
ح نجي بعدين

descontos | saldos

taxfīdāt | okazyōn
أوكازيونا تخفيضات

Mostre-me, por favor ...

momken tewarrīny ... laww samaht?
ممكن توريني ... لو سمحت؟

Dê-me, por favor ...

momken teddīny ... laww samaht
ممكن تديني ... لو سمحت

Posso experimentar?

momken aʾīs?
ممكن أقيس؟

Desculpe, onde fica a cabine de prova?

laww samaht, feyn el brova?
لو سمحت، فين البروفا؟

Que cor prefere?

ʿāyez ayī lone?
عايز أي لون؟

tamanho | cvomprimento

maqās | tūl
طول ا مقاس

Como lhe fica?

ya tara el maqās mazbūt?
يا ترى المقاس مضبوظ؟

Quanto é que isto custa?

bekām?
بكام؟

É muito caro.

da ɣāly geddan
دة غالي جدا

Eu fico com ele.

haʃtereyh
ح أشتريه

Desculpe, onde fica a caixa?

baʿd ezznak, addfaʿ feyn laww samaht?
بعد إذنك، أدفع فين لو سمحت؟

| Vai pagar a dinheiro ou com cartão de crédito? | hateddfaʿ naqqdan walla be kart eʾtemān? |
| | ح تدفع نقدا ولا بكارت إئتمان؟ |

| A dinheiro \| com cartão de crédito | naqdan \| be kart eʾtemān |
| | بكارت إئتمان \| نقدا |

| Pretende fatura? | ʿāyez īṣāl? |
| | عايز إيصال؟ |

| Sim, por favor. | aywā, men faḍlak |
| | أيوة، من فضلك |

| Não. Está bem! | lā, mafiʃ moʃkela |
| | لا، ما فيش مشكلة |

| Obrigado /Obrigada/. Tenha um bom dia! | ʃokran. yome saʿīd |
| | شكرا. يوم سعيد |

Na cidade

Desculpe, por favor …	ba'd ezznak, laww samaḥt بعد إذنك، لو سمحت
Estou à procura …	ana badawwar 'la … أنا بادور على ...

do metro	metro el anfā' مترو الأنفاق
do meu hotel	el fondo' betā'i الفندق بتاعي
do cinema	el sinema السينما
da praça de táxis	maw'af taksi موقف تاكسي

do multibanco	makīnet ṣarraf 'āaly ماكينة صراف آلي
de uma casa de câmbio	maktab ṣarrafa مكتب صرافة
de um café internet	maqha internet مقهى انترنت
da rua …	ʃāre'… ... شارع
deste lugar	el makān da المكان دة

Sabe dizer-me onde fica …?	hal te'raf feyn …? هل تعرف فين ...؟
Como se chama esta rua?	essmu eyh el ʃāre' da? اسمه إيه الشارع دة؟

Mostre-me onde estamos de momento.	momken tewarrīny eḥna feyn dellwa'ty? ممكن توريني إحنا فين دلوقتي؟
Posso ir até lá a pé?	momken awṣal ḥenāk māʃy? ممكن أوصل هناك ماشي؟
Tem algum mapa da cidade?	'andak χarīṭa lel madīna? عندك خريطة للمدينة؟

Quanto custa a entrada?	bekām tazkaret el doχūl? بكام تذكرة الدخول؟
Pode-se fotografar aqui?	momken aṣṣawwar hena? ممكن أصور هنا؟
Estão abertos?	entom fatt-ḥīn? إنتم فاتحين؟

A que horas abrem?

emta betefftaḥu?

إمتى بتفتحوا؟

A que horas fecham?

emta bete'ffelu?

إمتى بتقفلوا؟

Dinheiro

dinheiro	folūss
	فلوس
a dinheiro	naqdy
	نقدي
dinheiro de papel	folūss waraqiya
	فلوس ورقية
troco	fakka
	فكة
conta | troco | gorjeta	ʃīk | fakka | baʻʃīʃ
	بقشيش| فكة| شيك

cartão de crédito	kart eʼtemān
	كارت إئتمان
carteira	maḥfaza
	محفظة
comprar	ʃerāʼ
	شراء
pagar	dafʻ
	دفع
multa	ɣarāma
	غرامة
gratuito	maggānan
	مجانا

Onde é que posso comprar ...?	feyn momken aʃtery ...?
	فين ممكن أشتري ...؟
O banco está aberto agora?	hal el bank fāteḥ dellwaʼty
	هل البنك فاتح دلوقتي؟
Quando abre?	emta betefftaḥ?
	إمتى بيفتح؟
Quando fecha?	emta beyeʼffel?
	إمتى بيقفل؟

Quanto?	bekām?
	بكام؟
Quanto custa isto?	bekām da?
	بكام دة؟
É muito caro.	da ɣāly geddan
	دة غالي جدا

Desculpe, onde fica a caixa?	baʻd ezznak, addfaʻ feyn laww samaḥt?
	بعد إذنك، أدفع فين لو سمحت؟
A conta, por favor.	el ḥesāb men faḍlak
	الحساب من فضلك

Posso pagar com cartão de crédito?	momken addfa' be kart e'temān? ممكن أدفع بكارت إئتمان؟
Há algum Multibanco aqui?	feyh hena makīnet ṣarraf 'āaly? فيه هنا ماكينة صراف آلي؟
Estou à procura de um Multibanco.	baddawwar 'la makīnet ṣarraf 'ālly بادور على ماكينة صراف آلي

Estou à procura de uma casa de câmbio.	baddawwar 'la maktab ṣarrāfa بادور على مكتب صرافة
Eu gostaria de trocar ...	'āyez aɣayar ... عايز أغير ...
Qual a taxa de câmbio?	se'r el 'omla kām? سعر العملة كام؟
Precisa do meu passaporte?	enta mehtāg gawāz safary? إنت محتاج جواز سفري؟

Tempo

Que horas são?	el sāʻa kām? الساعة كام؟
Quando?	emta? إمتى؟
A que horas?	fi ayī sāʻa? في أي ساعة؟
agora | mais tarde | depois ...	dellwaʼty | baʻdeyn | baʻd ... ... بعد ا بعدين ا دلوقتي
uma em ponto	el sāʻa waḥda الساعة واحدة
uma e quinze	el sāʻa waḥda we robʻ الساعة واحدة وربع
uma e trinta	el sāʻa waḥda we noṣṣ الساعة واحدة ونص
uma e quarenta e cinco	el sāʻa etneyn ellā robʻ الساعة إتنين إلا ربع
um | dois | três	waḥda | etneyn | talāta تلاتةا اتنينا واحدة
quatro | cinco | seis	arbaʻa | χamsa | setta ستة اخمسة أربعة
set | oito | nove	sabbʻa | tamanya | tessʻa تسعةا تمانية ا سبعة
dez | onze | doze	ʻaʃra | ḥedāʃar | etnāʃar اتناشر ا حداشر ا عشرة
dentro de ...	fi ... ... في
5 minutos	χamas daqāʼeq خمس دقائق
10 minutos	ʻaʃar daqāʼeq عشر دقائق
15 minutos	robʻ sāʻa ربع ساعة
20 minutos	telt sāʻa تلت ساعة
meia hora	noṣṣ sāʻa نص ساعة
uma hora	sāʻa ساعة

de manhã	el sobḥ
	الصبح
de manhã cedo	el sobḥ badri
	الصبح بدري
esta manhã	el naharda el ṣobḥ
	النهاردة الصبح
amanhã de manhã	bokra el ṣobh
	بكرة الصبح

ao meio-dia	fi noṣṣ el yome
	في نص اليوم
à tarde	ba'd el ẓohr
	بعد الظهر
à noite (das 18h às 24h)	bel leyl
	بالليل
esta noite	el leyla di
	الليلة دي

à noite (da 0h às 6h)	bel leyl
	بالليل
ontem	emmbāreḥ
	إمبارح
hoje	el naharda
	النهاردة
amanhã	bokra
	بكرة
depois de amanhã	ba'd bokra
	بعد بكرة

Que dia é hoje?	el naharda eyh fel ayām?
	النهاردة إيه في الأيام؟
Hoje é …	el naharda …
	النهاردة ...
segunda-feira	el etneyn
	الإتنين
terça-feira	el talāt
	التلات
quarta-feira	el 'arba'
	الأربع

quinta-feira	el xamīs
	الخميس
sexta-feira	el gumu'ā
	الجمعة
sábado	el sabt
	السبت
domingo	el hadd
	الحد

Saudações. Apresentações

Olá!	ahlan أهلا
Prazer em conhecê-lo /conhecê-la/.	sa'īd be leqā'ak سعيد بلقائك
O prazer é todo meu.	ana ass'ad أنا أسعد
Apresento-lhe ...	a'arrafak be ... أعرفك بـ ...
Muito prazer.	forṣa sa'īda فرصة سعيدة
Como está?	ezzayak? إزيك؟
Chamo-me ...	esmy ... أسمي ...
Ele chama-se ...	essmu ... إسمه ...
Ela chama-se ...	essmaha ... إسمها ...
Como é que o senhor /a senhora/ se chama?	essmak eyh? إسمك إيه؟
Como é que ela se chama?	essmu eyh? إسمه إيه؟
Como é que ela se chama?	essmaha eyh? إسمها إيه؟
Qual o seu apelido?	essm 'ā'eltak eyh? إسم عائلتك إيه؟
Pode chamar-me ...	te'ddar tenaḏīny be... تقدر تناديني بـ....
De onde é?	enta meneyn? إنت منين؟
Sou de ...	ana men ... أنا من ...
O que faz na vida?	beteftaɣal eh? بتشتغل إيه؟
Quem é este?	meyn da مين دة
Quem é ele?	meyn howwa? مين هو؟
Quem é ela?	meyn hiya? مين هي؟
Quem são eles?	meyn homm? مين هم؟

Este é …	da yeb'ā …
	دة يبقى …
o meu amigo	ṣadīqy
	صديقي
a minha amiga	ṣadīqaty
	صديقتي
o meu marido	gouzy
	جوزي
a minha mulher	merāty
	مراتي
o meu pai	waldy
	والدي
a minha mãe	waldety
	والدتي
o meu irmão	aχūya
	أخويا
o meu filho	ebny
	إبني
a minha filha	bennty
	بنتي
Este é o nosso filho.	da ebnena
	دة إبننا
Este é a nossa filha.	di benntena
	دي بنتنا
Estes são os meus filhos.	dole awwlādy
	دول أولادي
Estes são os nossos filhos.	dole awwladna
	دول أولادنا

Despedidas

Adeus!	ella alliqā' إلى اللقاء
Tchau!	salām سلام
Até amanhã.	aʃūfak boḳra أشوفك بكرة
Até breve.	aʃūfak orayeb أشوفك قريب
Até às sete.	aʃūfak el sā'a sab'a أشوفك الساعة سبعة
Diverte-te!	esstammte'! !إستمتع
Falamos mais tarde.	netkallem ba'deyn نتكلم بعدين
Bom fim de semana.	'oṭṭlet osbū' sa'īda عطلة أسبوع سعيدة
Boa noite.	teṣṣbaḥ 'la ҳeyr تصبح على خير
Está na hora.	gā' waqt el zehāb جاء وقت الذهاب
Preciso de ir embora.	lāzem amʃy لازم أمشي
Volto já.	ḥarga' 'la ṭūl ح أرجع على طول
Já é tarde.	el waqt mett'aҳar الوقت متأخر
Tenho de me levantar cedo.	lāzem aṣṣ-ha badry لازم أصحى بدري
Vou-me embora amanhã.	ana māʃy boḳra أنا ماشي بكرة
Vamos embora amanhã.	ehḥna maʃyīn boḳra إحنا ماشيين بكرة
Boa viagem!	reḥla sa'īda! !رحلة سعيدة
Tive muito prazer em conhecer-vos.	forṣa sa'īda فرصة سعيدة
Foi muito agradável falar consigo.	sa'eddt bel kalām ma'ak سعدت بالكلام معك
Obrigado /Obrigada/ por tudo.	ʃokran 'la koll ʃey' شكرا على كل شيء

Passei um tempo muito agradável.	ana qaḍḍayt waqt saʿīd
	أنا قضيت وقت سعيد
Passámos um tempo muito agradável.	ehna 'addeyna wa't saʿīd
	إحنا قضينا وقت سعيد
Foi mesmo fantástico.	kan bel feʿl rāʾeʿ
	كان بالفعل رائع
Vou ter saudades suas.	hatewwḥaʃīny
	ح توحشني
Vamos ter saudades suas.	hatewwḥaʃna
	ح توحشنا

Boa sorte!	ḥazz saʿīd!
	!حظ سعيد
Dê cumprimentos a ...	taḥīāty le…
	…تحياتي لـ

Língua estrangeira

Eu não entendo.

ana meʃ fãhem

أنا مش فاهم

Escreva isso, por favor.

ektebha laww samaht

إكتبها لو سمحت

O senhor /a senhora/ fala ...?

enta betettkalem ...?

انت بتتكلم ...؟

Eu falo um pouco de ...

ana battkallem ʃewaya ...

أنا بأتكلم شوية ...

Inglês

engilīzy

انجليزي

Turco

torky

تركي

Árabe

ʿaraby

عربي

Francês

faransãwy

فرنساوي

Alemão

almãny

ألماني

Italiano

itãly

إيطالي

Espanhol

asbãny

أسباني

Português

bortoɣãly

برتغالي

Chinês

ṣīny

صيني

Japonês

yabãny

ياباني

Pode repetir isso, por favor.

momken teʿīd el kalãm men faḍlak?

ممكن تعيد الكلام من فضلك؟

Compreendo.

ana fãhem

انا فاهم

Eu não entendo.

ana meʃ fãhem

انا مش فاهم

Por favor fale mais devagar.

momken tetkallam abṭaʾ laww samaht?

ممكن تتكلم ابطأ لو سمحت؟

Isso está certo?

keda ṣahh?

كدة صح؟

O que é isto? (O que significa?)

eh da?

إيه دة؟

Desculpas

Desculpe-me, por favor.	ba'd ezznak, laww samaḥt بعد إذنك، لو سمحت
Lamento.	ana 'āṣsif أنا آسف
Tenho muita pena.	ana 'āṣsif beggad أنا آسف بجد
Desculpe, a culpa é minha.	ana 'āṣsif, di ɣalṭeti أنا آسف، دي غلطتي
O erro foi meu.	ɣalṭety غلطتي
Posso ...?	momken ...? ممكن ...؟
O senhor /a senhora/ não se importa se eu ...?	teḍḍāyi' laww ...? تتضايق لو ...؟
Não faz mal.	mafiʃ moʃkela ما فيش مشكلة
Está tudo em ordem.	kollo tamām كله تمام
Não se preocupe.	mate'la'ʃ ما تقلقش

Acordo

Sim.	aywā أيوة
Sim, claro.	aywa, akīd ايوة، أكيد
Está bem!	tamām تمام
Muito bem.	kowayīs geddan كويس جدا
Claro!	bekol ta'kīd! إبكل تأكيد!
Concordo.	mewāfe' موافق

Certo.	da ṣaḥīḥ دة صحيح
Correto.	da ṣaḥḥ دة صح
Tem razão.	kalāmak ṣaḥḥ كلامك صح
Eu não me oponho.	ma'andīʃ māne' ما عنديش مانع
Absolutamente certo.	ṣaḥḥ tamāman صح تماما

É possível.	momken ممكن
É uma boa ideia.	di fekra kewayīsa دي فكرة كويسة
Não posso recusar.	ma'darʃ a'ūl la' ما أقدرش أقول لأ
Terei muito gosto.	bekol sorūr حكون سعيد
Com prazer.	bekol sorūr بكل سرور

Recusa. Expressão de dúvida

Não.	la'a لأ
Claro que não.	akīd la' أكيد لأ
Não concordo.	meʃ mewāfe' مش موافق
Não creio.	ma 'azzonneʃ keda ما أظنش كدة
Isso não é verdade.	da meʃ saḥīḥ دة مش صحيح

O senhor /a senhora/ não tem razão.	enta ɣaltān إنت غلطان
Acho que o senhor /a senhora/ não tem razão.	azonn ennak ɣaltān أظن إنك غلطان

Não tenho a certeza.	meʃ akīd مش أكيد
É impossível.	da mos-taḥīl دة مستحيل
De modo algum!	mafīʃ ḥāga keda! ما فيش حاجة كدة!

Exatamente o contrário.	el 'akss tamāman العكس تماما
Sou contra.	ana dedd da أنا ضد دة

Não me importo.	ma yehemmenīʃ ما يهمنيش
Não faço ideia.	ma'andīʃ fekra ما عنديش فكرة
Não creio.	aʃokk fe da أشك في دة

Desculpe, mas não posso.	'āsseʃ ma 'qdarʃ آسف، ما أقدرش
Desculpe, mas não quero.	'āssef meʃ 'ayez آسف، مش عايز

Desculpe, não quero isso.	ʃokran, bass ana meʃ meḥtāg loh شكرا، بس أنا مش محتاج له
Já é muito tarde.	el waqt mett'aχar الوقت متأخر

Tenho de me levantar cedo.

lāzem aṣṣ-ḥa badry

لازم أصحى بدري

Não me sinto bem.

ana ta'bān

أنا تعبان

Expressão de gratidão

Obrigado /Obrigada/.	ʃokran شكراً
Muito obrigado /obrigada/.	ʃokran gazīlan شكراً جزيلاً
Fico muito grato /grata/.	ana ħa'i'i me'addar da أنا حقيقي مقدر دة
Estou-lhe muito reconhecido.	ana mommtann līk geddan أنا ممتن لك جداً
Estamos-lhe muito reconhecidos.	eħna mommtannīn līk geddan إحنا ممتنين لك جداً

Obrigado /Obrigada/ pelo seu tempo.	ʃokran 'la wa'tak شكراً على وقتك
Obrigado /Obrigada/ por tudo.	ʃokran 'la koll ʃey' شكراً على كل شيء
Obrigado /Obrigada/ ...	ʃokran 'la ... شكراً على ...
... pela sua ajuda	mosa'detak مساعدتك
... por este tempo bem passado	el waqt الوقت اللطيف

... pela comida deliciosa	wagba rā'e'a وجبة رائعة
... por esta noite agradável	amsiya mummte'a أمسية ممتعة
... pelo dia maravilhoso	yome rā'e' يوم رائع
... pela jornada fantástica	reħla mod-heʃa رحلة مدهشة

Não tem de quê.	lā ʃokr 'la wāgeb لا شكر على واجب
Não precisa agradecer.	el 'afw العفو
Disponha sempre.	ayī waqt أي وقت
Foi um prazer ajudar.	bekol sorūr بكل سرور
Esqueça isso.	ennsa إنسى
Não se preocupe.	mate'la'ʃ ما تقلقش

Parabéns. Cumprimentos

Parabéns!
ohannīk!
أهنيك!

Feliz aniversário!
ʿīd milād saʿīd!
عيد ميلاد سعيد!

Feliz Natal!
ʿīd milād saʿīd!
عيد ميلاد سعيد!

Feliz Ano Novo!
sana gedīda saʿīda!
سنة جديدة سعيدة!

Feliz Páscoa!
ʃamm nessīm saʿīd!
شم نسيم سعيد!

Feliz Hanukkah!
hanūka saʿīda!
هانوكا سعيدة!

Gostaria de fazer um brinde.
ahebb aqtareḥ neʃrab naχab
أحب أقترح نشرب نخب

Saúde!
fi seḥḥettak
في صحتك

Bebamos a ...!
yalla neʃrab fe ...!
ياللا نشرب في ...!

Ao nosso sucesso!
nagāḥna
نجاحنا

Ao vosso sucesso!
nagāḥak
نجاحك

Boa sorte!
ḥazz saʿīd!
حظ سعيد!

Tenha um bom dia!
nahārak saʿīd!
نهارك سعيد!

Tenha um bom feriado!
agāza ṭayeba!
أجازة طيبة!

Tenha uma viagem segura!
trūḥ bel salāma!
تروح بالسلامة!

Espero que melhore em breve!
atmanna ennak tataʿāfa besorʿa!
أتمنى إنك تتعافى بسرعة!

Socializando

Porque é que está chateado /chateada/?	enta leyh za'lān? إنت ليه زعلان؟
Sorria!	ebbtassem! farrfeʃ! !إبتسم! فرفش
Está livre esta noite?	enta fādy el leyla di? إنت فاضي الليلة دي؟

Posso oferecer-lhe algo para beber?	momken a'zemak 'la maʃrūb? ممكن أعزمك على مشروب؟
Você quer dançar?	teḥebb torr'oṣṣ? تحب ترقص؟
Vamos ao cinema.	yalla nerūḥ el sinema يالا نروح السينما

Gostaria de a convidar para ir ...	momken a'zemak 'la ...? ممكن أعزمك على ...؟
ao restaurante	maṭṭ'am مطعم
ao cinema	el sinema السينما
ao teatro	el masraḥ المسرح
passear	tamʃeya تمشية

A que horas?	fi ayī sā'a? في أي ساعة؟
hoje à noite	el leyla di الليلة دي
às 6 horas	el sā'a setta الساعة ستة
às 7 horas	el sā'a sab'a الساعة سبعة
às 8 horas	el sā'a tamanya الساعة تمانية
às 9 horas	el sā'a tess'a الساعة تسعة

Gosta deste local?	ya tara 'agbak el makān? يا ترى عاجبك المكان؟
Está com alguém?	enta hena ma' ḥadd? إنت هنا مع حد؟
Estou com o meu amigo.	ana ma' ṣadīq أنا مع صديق

Estou com os meus amigos.	ana ma' aṣṣdiqā' أنا مع أصدقاء
Não, estou sozinho /sozinha/.	lā, ana waḥḥdy لا، أنا وحدي

Tens namorado?	hal 'andak ṣadīq? هل عندك صديق؟
Tenho namorado.	ana 'andy ṣadīq أنا عندي صديق
Tens namorada?	hal 'andak ṣadīqa? هل عندك صديقة؟
Tenho namorada.	ana 'andy ṣadīqa أنا عندي صديقة

Posso voltar a vêr-te?	a'dar aʃūfak tāny? أقدر أشوفك تاني؟
Posso ligar-te?	a'dar atteṣel bīk? أقدر أتصل بك؟
Liga-me.	ettaṣṣel bī إتصل بي
Qual é o teu número?	eh raqamek? إيه رقمك؟
Tenho saudades tuas.	waḥaʃtīny وحشتني

Tem um nome muito bonito.	essmek gamīl إسمك جميل
Amo-te.	oheppek أحبك
Quer casar comigo?	tettgawwezīny? تتجوزيني؟
Você está a brincar!	enta bett-hazzar! إنت بتهزر
Estou só a brincar.	ana bahazzar bas أنا باهزر بس

Está a falar a sério?	enta bettettkallem gad? إنت بتتكلم جد؟
Estou a falar a sério.	ana gād أنا جاد
De verdade?!	ṣaḥīḥ? صحيح؟
Incrível!	meʃ ma''ūl! مش معقول!
Não acredito.	ana meʃ meṣṣad'āk أنا مش مصدقاك
Não posso.	ma'darʃ ما أقدرش
Não sei.	ma'raʃʃ ما أعرفش
Não entendo o que está a dizer.	meʃ fahmāk مش فاهماك

Saia, por favor.	men faḍlak temʃy
	من فضلك تمشي
Deixe-me em paz!	sebbny lewaḥḥdy!
	!سيبني لوحدي

Eu não o suporto.	ana lã aṭīqo
	أنا لا أطيقه
Você é detestável!	enta mo'reff
	إنت مقرف
Vou chamar a polícia!	ḥaṭṭlob el ʃorṭa
	ح أطلب الشرطة

Partilha de impressões. Emoções

Gosto disto.	ye'gebny
	يعجبني
É muito simpático.	laṭīf geddan
	لطيف جدا
Fixe!	da rā'e'
	دة رائع
Não é mau.	da meʃ saye'
	دة مش سيء

Não gosto disto.	meʃ 'agebny
	مش عاجبني
Isso não está certo.	meʃ kowayīs
	مش كويس
Isso é mau.	da saye'
	دة سيء
Isso é muito mau.	da saye' geddan
	دة سيء جدا
Isso é asqueroso.	da mo'rreff
	دة مقرف

Estou feliz.	ana saʕīd
	أنا سعيد
Estou contente.	ana maḅsūṭ
	أنا مبسوط
Estou apaixonado /apaixonada/.	ana baḥebb
	أنا باحب
Estou calmo /calma/.	ana hāḍy
	أنا هادي
Estou aborrecido /aborrecida/.	ana zah'ān
	أنا زهقان

Estou cansado /cansada/.	ana ta'bān
	أنا تعبان
Estou triste.	ana haẓīn
	أنا حزين
Estou apavorado /apavorada/.	ana χāyef
	أنا خايف

Estou zangado /zangada/.	ana ɣadḅān
	أنا غضبان
Estou preocupado /preocupada/.	ana qalqān
	أنا قلقان
Estou nervoso /nervosa/.	ana muṭawwatter
	أنا متوتر

Estou ciumento /ciumenta/.

ana ɣayrān

أنا غيران

Estou surpreendido /surpreendida/.

ana mutafāge'

أنا متفاجئ

Estou perplexo /perplexa/.

ana morrtabek

أنا مرتبك

Problemas. Acidentes

Tenho um problema.	ana 'andy moʃkela أنا عندي مشكلة
Temos um problema.	ehna 'andena moʃkela إحنا عندنا مشكلة
Estou perdido.	ana tāʒeh أنا تايه
Perdi o último autocarro.	fātny 'āaχer otobiis فاتني آخر أوتوبيس
Não me resta nenhum dinheiro.	meʃ fāḍel ma'aya flūss مش فاضل معايا فلوس

Eu perdi ...	ḍā' menny ... betā'y ضاع مني ... بتاعي
Roubaram-me ...	ḥadd sara' ... betā'y حد سرق ... بتاعي
o meu passaporte	bassbore باسبور
a minha carteira	maḥfaza محفظة
os meus papéis	awwarā' أوراق
o meu bilhete	tazzkara تذكرة

o dinheiro	folūss فلوس
a minha mala	ʃannṭa شنطة
a minha camara	kamera كاميرا
o meu computador	lab tob لاب توب
o meu tablet	tablet تابلت
o meu telemóvel	telefon maḥmūl تليفون محمول

Ajude-me!	sā'dny! ساعدني!
O que é que aconteceu?	eh elly ḥaṣal? إيه إللي حصل؟
fogo	harīqa حريقة

tiroteio	ḍarrb nār
	ضرب نار
assassínio	qattl
	قتل
explosão	ennfegār
	إنفجار
briga	ẋenā'a
	خناقة

Chame a polícia!	ettaṣel bel ʃorṭa!
	اتصل بالشرطة!
Mais depressa, por favor!	besor'a men faḍlak!
	بسرعة من فضلك!

Estou à procura de uma esquadra de polícia.	baddawwar 'la qessm el ʃorṭa
	بادور على قسم الشرطة
Preciso de telefonar.	mehtāg a'mel mokalma telefoneya
	محتاج أعمل مكالمة تليفونية
Posso telefonar?	momken asstaẋdem telefonak?
	ممكن أستخدم تليفونك؟

Fui ...	ana kont ...
	أنا كنت ...
assaltado /assaltada/	ettnaʃalt
	اتنشلت
roubado /roubada/	ettsaraqt
	اتسرقت
violada	oẋtiṣabt
	اغتصبت
atacado /atacada/	ta'arraḍt le e'tedā'
	تعرضت لإعتداء

Está tudo bem consigo?	enta beẋeyr?
	إنت بخير؟
Viu quem foi?	ya tara ʃoft meyn?
	يا ترى شفت مين؟
Seria capaz de reconhecer a pessoa?	te'ddar tett'arraf 'la el ʃaẋṣ da?
	تقدر تتعرف على الشخص دة؟
Tem a certeza?	enta muta'kked?
	إنت متأكد؟

Acalme-se, por favor.	argūk ehḍa
	أرجوك إهدا
Calma!	hawwen 'aleyk!
	اهون عليك!
Não se preocupe.	mate'la'ʃ!
	ما تقلقش!
Vai ficar tudo bem.	kol ʃey' ḥaykūn tamām
	كل شيء ح يكون تمام
Está tudo em ordem.	kol ʃey' tamām
	كل شيء تمام

Chegue aqui, por favor.

ta'āla hena laww samaḥt

تعالى هنا لو سمحت

Tenho algumas questões a colocar-lhe.

'andy līk as'ela

عندي لك أسئلة

Aguarde um momento, por favor.

esstanna laḥza men faḍlak

إستنى لحظة من فضلك

Tem alguma identificação?

'andak raqam qawwmy

عندك رقم قومي

Obrigado. Pode ir.

ʃokran. momken temʃy dellwa'ty

شكرا. ممكن تمشي دلوقتي

Mãos atrás da cabeça!

eydeyk wara rāsak!

!إيديك ورا راسك

Você está preso!

enta maqbūd 'aleyk!

!إنت مقبوض عليك

Problemas de saúde

Ajude-me, por favor.	argūk sā'dny
	أرجوك ساعدني
Não me sinto bem.	ana ta'bān
	أنا تعبان
O meu marido não se sente bem.	gouzy ta'bān
	جوزي تعبان
O meu filho ...	ebny ...
	إبني ...
O meu pai ...	waldy ...
	والدي ...

A minha mulher não se sente bem.	merāty ta'bāna
	مراتي تعابة
A minha filha ...	bennty ...
	بنتي ...
A minha mãe ...	waldety ...
	والدتي ...

Tenho uma ...	ana 'andy ...
	أنا عندي ...
dor de cabeça	ṣodā'
	صداع
dor de garganta	eḥtiqān fel zore
	إحتقان في الزور
dor de barriga	mayaṣṣ
	مغص
dor de dentes	alam aṣnān
	ألم أسنان

Estou com tonturas.	ʃā'er be dawār
	شاعر بدوار
Ele está com febre.	'andak ḥomma
	عنده حمي
Ela está com febre.	'andaha ḥomma
	عندها حمي
Não consigo respirar.	meʃ 'āder attnaffess
	مش قادر أتنفس

Estou a sufocar.	meʃ 'āder attnaffess
	مش قادر أتنفس
Sou asmático /asmática/.	ana 'andy azzma
	أنا عندي أزمة
Sou diabético /diabética/.	ana 'andy el sokkar
	أنا عندي السكر

Estou com insónia.	meʃ 'āder anām
	مش قادر أنام
intoxicação alimentar	tassammom ɣezā'y
	تسمم غذائي

Dói aqui.	betewwga' hena
	بتوجع هنا
Ajude-me!	sā'edny!
	ساعدني!
Estou aqui!	ana ḥena!
	أنا هنا!
Estamos aqui!	eḥna hena!
	إحنا هنا!
Tirem-me daqui!	ҳarragūny men hena
	خرجوني من هنا
Preciso de um médico.	ana mehtāg ṭabīb
	أنا محتاج طبيب
Não me consigo mexer.	meʃ 'āder at-ḥarrak
	مش قادر أتحرك
Não consigo mover as pernas.	meʃ 'āder aḥarrak reglaya
	مش قادر أحرك رجلية

Estou ferido.	'andy garrḥḥ
	عندي جرح
É grave?	da beggad?
	دة بجد؟
Tenho os documentos no bolso.	awwrā'y fi geyby
	أوراقي في جيبي
Acalme-se!	ehhda'!
	إهدا!
Posso telefonar?	momken asstaҳdem telefonak?
	ممكن أستخدم تليفونك؟

Chame uma ambulância!	oṭlob 'arabeyet es'āf!
	أطلب عربية إسعاف!
É urgente!	di ḥāla messta'gela!
	دي حالة مستعجلة!
É uma emergência!	di ḥāla ṭāre'a!
	دي حالة طارئة!
Mais depressa, por favor!	besor'a men faḍlak!
	بسرعة من فضلك!

Chame o médico, por favor.	momken tekallem doktore men faḍlak?
	ممكن تكلم دكتور من فضلك؟
Onde fica o hospital?	feyn el mostaʃfa?
	فين المستشفى؟
Como se sente?	ḥāsses be eyh dellwa'ty
	حاسس بإيه دلوقتي؟
Está tudo bem consigo?	enta beҳeyr?
	إنت بخير؟
O que é que aconteceu?	eh elly ḥaṣal?
	إيه إللي حصل؟

Já me sinto melhor.

ana ḥāsseṣ eny aḥssan dellwa'ty

أنا حاسس إني أحسن دلوقتي

Está tudo em ordem.

tamām

تمام

Tubo bem.

kollo tamām

كله تمام

Na farmácia

farmácia	ṣaydaliya صيدلية
farmácia de serviço	ṣaydaliya arb'a we 'eʃrīn sā'a صيدلية 24 ساعة
Onde fica a farmácia mais próxima?	feyn aqrab ṣaydaliya? فين أقرب صيدلية؟
Está aberto agora?	hiya fat-ḥa dellwa'ty? هي فاتحة دلوقتي؟
A que horas abre?	betefftah emta? بتفتح إمتى؟
A que horas fecha?	bete'ffel emta? بتقفل إمتى؟
Fica longe?	hiya be'eyda? هي بعيدة؟
Posso ir até lá a pé?	momken awṣal ḥenāk māʃy? ممكن أوصل هناك ماشي؟
Pode-me mostrar no mapa?	momken tewarrīny 'lal xarīṭa? ممكن توريني على الخريطة؟
Por favor dê-me algo para ...	men faḍlak eddīny ḥāga le… من فضلك إديني حاجة لـ...
as dores de cabeça	el sodā' الصداع
a tosse	el koḥḥa الكحة
o resfriado	el bard البرد
a gripe	influenza الأنفلوانزا
a febre	el ḥumma الحمى
uma dor de estômago	el mayaṣṣ المغص
as náuseas	el ɣasayān الغثيان
a diarreia	el es-hāl الإسهال
a constipação	el emsāk الإمساك
as dores nas costas	alam fel ẓahr ألم في الظهر

as dores no peito	alam fel ṣadr
	ألم في الصدر
a sutura	ɣorrza ganebiya
	غرزة جانبية
as dores abdominais	alam fel baṭṭn
	ألم في البطن

comprimido	ḥabba
	حبة
unguento, creme	marham, krīm
	مرهم، كريم
charope	ʃarāb
	شراب
spray	baχāχ
	بخاخ
dropes	noqaṭṭ
	نقط

Você precisa de ir ao hospital.	enta meḥtāg terūḥ
	انت محتاج تروح المستشفى
seguro de saúde	ta'mīn ṣeḥhy
	تأمين صحي
prescrição	roʃetta
	روشتة
repelente de insetos	ṭāred lel ḥaʃarāt
	طارد للحشرات
penso rápido	blastar
	بلاستر

O mínimo

Desculpe, ...	ba'd ezznak, ... بعد إذنك، ...
Olá!	ahlan أهلا
Obrigado /Obrigada/.	ʃokran شكراً
Adeus.	ella alliqā' إلى اللقاء
Sim.	aywā أيوة
Não.	la'a لأ
Não sei.	ma'raʃʃ ما أعرفش
Onde? | Para onde? | Quando?	feyn? | lefeyn? | emta? إمتى؟ | لفين؟ | فين؟

Preciso de ...	meḥtāg ... محتاج ...
Eu queria ...	'āyez ... عايز ...
Tem ...?	ya tara 'andak ...? يا ترى عندك...؟
Há aqui ...?	feyh hena ...? فيه هنا ...؟
Posso ...?	momken ...? ممكن ...؟
..., por favor	... men faḍlak من فضلك ...

Estou à procura de ...	ana badawwar 'la ... أنا بادور على ...
casa de banho	ḥammām حمام
Multibanco	makīnet ṣarraf 'āaly ماكينة صراف آلي
farmácia	ṣaydaliya صيدلية
hospital	mostaʃʃa مستشفى
esquadra de polícia	'essm el ʃorṭa قسم شرطة
metro	metro el anfā' مترو الأنفاق

táxi	taksi
	تاكسي
estação de comboio	maḥaṭṭet el 'aṭṭr
	محطة القطر

Chamo-me ...	essmy ...
	إسمي...
Como se chama?	essmak eyh?
	اسمك إيه؟
Pode-me dar uma ajuda?	te'ddar tesā'dny?
	تقدر تساعدني؟
Tenho um problema.	ana 'andy moʃkela
	أنا عندي مشكلة
Não me sinto bem.	ana ta'bān
	أنا تعبان
Chame a ambulância!	otlob 'arabeyet es'āf!
	!أطلب عربية إسعاف
Posso fazer uma chamada?	momken a'mel mokalma telefoniya?
	ممكن أعمل مكالمة تليفونية؟

Desculpe.	ana 'āṣsif
	أنا آسف
De nada.	el 'afw
	العفو

eu	ana
	أنا
tu	enta
	أنت
ele	howwa
	هو
ela	hiya
	هي
eles	homm
	هم
elas	homm
	هم
nós	eḥna
	احنا
vocês	entom
	انتم
você	haḍḍretak
	حضرتك

ENTRADA	doxūl
	دخول
SAÍDA	xorūg
	خروج
FORA DE SERVIÇO	'aṭṭlān
	عطلان
FECHADO	moɣlaq
	مغلق

ABERTO

maftūḥ

مفتوح

PARA SENHORAS

lel sayedāt

للسيدات

PARA HOMENS

lel regāl

للرجال

VOCABULÁRIO TÓPICO

Esta secção contém mais
de 3.000 das palavras mais
importantes.
O dicionário fornecerá uma
ajuda inestimável ao viajar
para o estrangeiro, porque
frequentemente o uso
de palavras individuais
é suficiente para ser
compreendido. O dicionário
inclui uma transcrição
conveniente de cada palavra
estrangeira

T&P Books Publishing

CONTEÚDO DO DICIONÁRIO

T&P Books Publishing

T&P BOOKS

CONCEITOS BÁSICOS

T&P Books Publishing

1. Pronomes

eu	ana	أنا
tu (masc.)	anta	أنتَ
tu (fem.)	anti	أنتِ
ele	huwa	هو
ela	hiya	هي
nós	naḥnu	نحن
vocês	antum	أنتم
eles, -as	hum	هم

2. Cumprimentos. Saudações

Bom dia! (formal)	as salāmu ʿalaykum!	!السلام عليكم
Bom dia! (de manhã)	ṣabāḥ al χayr!	!صباح الخير
Boa tarde!	nahārak saʿīd!	!نهارك سعيد
Boa noite!	masāʾ al χayr!	!مساء الخير
cumprimentar (vt)	sallam	سلّم
Olá!	salām!	!سلام
saudação (f)	salām (m)	سلام
saudar (vt)	sallam ʿala	سلّم على
Como vai?	kayfa ḥāluka?	كيف حالك؟
O que há de novo?	ma aχbārak?	ما أخبارك؟
Até à vista!	maʿ as salāma!	!مع السلامة
Até breve!	ilal liqāʾ!	!إلى اللقاء
Adeus!	maʿ as salāma!	!مع السلامة
despedir-se (vp)	waddaʿ	ودّع
Até logo!	bay bay!	!باي باي
Obrigado! -a!	ʃukran!	!شكرًا
Muito obrigado! -a!	ʃukran ʒazīlan!	!شكرًا جزيلًا
De nada	ʿafwan	عفوا
Não tem de quê	la ʃukr ʿala wāʒib	لا شكر على واجب
De nada	al ʿafw	العفو
Desculpa!	ʿan iðnak!	!عن أذنك
Desculpe!	ʿafwan!	!عفوًا
desculpar (vt)	ʿaðar	عذر
desculpar-se (vp)	iʿtaðar	إعتذر
As minhas desculpas	ana ʾāsif	أنا آسف

Desculpe!	la tu'āχiðni!	!الا تؤاخذني
perdoar (vt)	ʿafa	عفا
por favor	min faḍlak	من فضلك

Não se esqueça!	la tansa!	!الا تنس
Certamente! Claro!	ṭabʿan!	!طبعًا
Claro que não!	abadan!	!أبدًا
De acordo!	ittafaqna!	!إتّفقنا
Basta!	kifāya!	!كفاية

3. Questões

Quem?	man?	من؟
Que?	māða?	ماذا؟
Onde?	ayna?	أين؟
Para onde?	ila ayna?	إلى أين؟
De onde?	min ayna?	من أين؟
Quando?	mata?	متى؟
Para quê?	li māða?	لماذا؟
Porquê?	li māða?	لماذا؟

Para quê?	li māða?	لماذا؟
Como?	kayfa?	كيف؟
Qual?	ay?	أي؟
Qual?	ay?	أي؟

A quem?	li man?	لمن؟
Sobre quem?	ʿamman?	عمّن؟
Do quê?	ʿamma?	عمّا؟
Com quem?	maʿ man?	مع من؟

| Quanto, -os, -as? | kam? | كم؟ |
| De quem? (masc.) | li man? | لمن؟ |

4. Preposições

com (prep.)	maʿ	مع
sem (prep.)	bi dūn	بدون
a, para (exprime lugar)	ila	إلى
sobre (ex. falar ~)	ʿan	عن
antes de …	qabl	قبل
diante de …	amām	أمام

sob (debaixo de)	taḥt	تحت
sobre (em cima de)	fawq	فوق
sobre (~ a mesa)	ʿala	على
de (vir ~ Lisboa)	min	من
de (feito ~ pedra)	min	من

| dentro de (~ dez minutos) | ba'd | بعد |
| por cima de ... | 'abr | عبر |

5. Palavras funcionais. Advérbios. Parte 1

Onde?	ayna?	أين؟
aqui	huna	هنا
lá, ali	hunāk	هناك

| em algum lugar | fi makānin ma | في مكان ما |
| em lugar nenhum | la fi ay makān | لا في أي مكان |

| ao pé de ... | bi ʒānib | بجانب |
| ao pé da janela | bi ʒānib aʃ ʃubbāk | بجانب الشبّاك |

Para onde?	ila ayna?	إلى أين؟
para cá	huna	هنا
para lá	hunāk	هناك
daqui	min huna	من هنا
de lá, dali	min hunāk	من هناك

| perto | qarīban | قريبًا |
| longe | ba'īdan | بعيدًا |

perto de ...	'ind	عند
ao lado de	qarīban	قريبًا
perto, não fica longe	ɣayr ba'īd	غير بعيد

esquerdo	al yasār	اليسار
à esquerda	'alaʃ ʃimāl	على الشمال
para esquerda	ilaʃ ʃimāl	إلى الشمال

direito	al yamīn	اليمين
à direita	'alal yamīn	على اليمين
para direita	llal yamīn	إلى اليمين

à frente	min al amām	من الأمام
da frente	amāmiy	أمامَ
em frente (para a frente)	ilal amām	إلى الأمام

atrás de ...	warā'	وراء
por detrás (vir ~)	min al warā'	من الوراء
para trás	ilal warā'	إلى الوراء

| meio (m), metade (f) | wasaṭ (m) | وسط |
| no meio | fil wasat | في الوسط |

de lado	bi ʒānib	بجانب
em todo lugar	fi kull makān	في كل مكان
ao redor (olhar ~)	ḥawl	حول

de dentro	min ad dāχil	من الداخل
para algum lugar	ila ayy makān	إلى أيّ مكان
diretamente	bi aqsar tarīq	بأقصر طريق
de volta	ʼīyāban	إيابًا
de algum lugar	min ayy makān	من أي مكان
de um lugar	min makānin ma	من مكان ما
em primeiro lugar	awwalan	أوَّلَا
em segundo lugar	θāniyan	ثانيًا
em terceiro lugar	θāliθan	ثالثًا
de repente	faӡʼa	فجأة
no início	fil bidāya	في البداية
pela primeira vez	li ʼawwal marra	لأوَّل مرّة
muito antes de ...	qabl ... bi mudda tawīla	بمدّة طويلة...قبل
de novo, novamente	min ӡadīd	من جديد
para sempre	ilal abad	إلى الأبد
nunca	abadan	أبدًا
de novo	min ӡadīd	من جديد
agora	al ʼān	الآن
frequentemente	kaθīran	كثيرًا
então	fi ðalika al waqt	في ذلك الوقت
urgentemente	ʻāӡilan	عاجلًا
usualmente	kal ʻāda	كالعادة
a propósito, ...	ʻala fikra ...	...على فكرة
é possível	min al mumkin	من الممكن
provavelmente	laʻalla	لعلَّ
talvez	min al mumkin	من الممكن
além disso, ...	bil idāfa ila ðalik ...	...بالإضافة إلى
por isso ...	li ðalik	لذلك
apesar de ...	bir raχm min ...	...بالرغم من
graças a ...	bi fadl ...	...بفضل
que (pron.)	allaði	الذي
que (conj.)	anna	أنَّ
algo	ʃayʼ (m)	شيء
alguma coisa	ʃayʼ (m)	شيء
nada	la ʃayʼ	لا شيء
quem	allaði	الذي
alguém	ahad	أحد
(~ teve uma ideia ...)		
alguém	ahad	أحد
ninguém	la ahad	لا أحد
para lugar nenhum	la ila ay makān	لا إلى أي مكان
de ninguém	la yaχuṣṣ ahad	لا يخص أحدًا
de alguém	li ahad	لأحد
tão	hakaða	هكذا

| também (gostaria ~ de …) | kaðalika | كذلك |
| também (~ eu) | ayḍan | أيضًا |

6. Palavras funcionais. Advérbios. Parte 2

Porquê?	li māða?	لماذا؟
por alguma razão	li sababin ma	لسبب ما
porque …	li'anna …	لأنّ...
por qualquer razão	li amr mā	لأمر ما

e (tu ~ eu)	wa	و
ou (ser ~ não ser)	aw	أو
mas (porém)	lakin	لكن
para (~ a minha mãe)	li	لـ

demasiado, muito	kaθīran ʒiddan	كثير جدًا
só, somente	faqaṭ	فقط
exatamente	biḍ ḍabṭ	بالضبط
cerca de (~ 10 kg)	naḥw	نحو

aproximadamente	taqrīban	تقريبًا
aproximado	taqrībiy	تقريبي
quase	taqrīban	تقريبًا
resto (m)	al bāqi (m)	الباقي

cada	kull	كلّ
qualquer	ayy	أيّ
muito	kaθīr	كثير
muitas pessoas	kaθīr min an nās	كثير من الناس
todos	kull an nās	كل الناس

em troca de …	muqābil …	مقابل...
em troca	muqābil	مقابل
à mão	bil yad	باليد
pouco provável	hayhāt	هيهات

provavelmente	la'alla	لعلّ
de propósito	qaṣdan	قصدا
por acidente	ṣudfa	صدفة

muito	ʒiddan	جدًا
por exemplo	maθalan	مثلا
entre	bayn	بين
entre (no meio de)	bayn	بين
tanto	haðihi al kammiyya	هذه الكمية
especialmente	χāṣṣa	خاصّة

NÚMEROS. DIVERSOS

T&P Books Publishing

zero	şifr	صفر
um	wāḥid	واحد
uma	wāḥida	واحدة
dois	iθnān	إثنان
três	θalāθa	ثلاثة
quatro	arba'a	أربعة
cinco	χamsa	خمسة
seis	sitta	ستّة
sete	sab'a	سبعة
oito	θamāniya	ثمانية
nove	tis'a	تسعة
dez	'aʃara	عشرة
onze	aḥad 'aʃar	أحد عشر
doze	iθnā 'aʃar	إثنا عشر
treze	θalāθat 'aʃar	ثلاثة عشر
catorze	arba'at 'aʃar	أربعة عشر
quinze	χamsat 'aʃar	خمسة عشر
dezasseis	sittat 'aʃar	ستّة عشر
dezassete	sab'at 'aʃar	سبعة عشر
dezoito	θamāniyat 'aʃar	ثمانية عشر
dezanove	tis'at 'aʃar	تسعة عشر
vinte	'iʃrūn	عشرون
vinte e um	wāḥid wa 'iʃrūn	واحد وعشرون
vinte e dois	iθnān wa 'iʃrūn	إثنان وعشرون
vinte e três	θalāθa wa 'iʃrūn	ثلاثة وعشرون
trinta	θalāθīn	ثلاثون
trinta e um	wāḥid wa θalāθūn	واحد وثلاثون
trinta e dois	iθnān wa θalāθūn	إثنان وثلاثون
trinta e três	θalāθa wa θalāθūn	ثلاثة وثلاثون
quarenta	arba'ūn	أربعون
quarenta e um	wāḥid wa arba'ūn	واحد وأربعون
quarenta e dois	iθnān wa arba'ūn	إثنان وأربعون
quarenta e três	θalāθa wa arba'ūn	ثلاثة وأربعون
cinquenta	χamsūn	خمسون
cinquenta e um	wāḥid wa χamsūn	واحد وخمسون
cinquenta e dois	iθnān wa χamsūn	إثنان وخمسون
cinquenta e três	θalāθa wa χamsūn	ثلاثة وخمسون

sessenta	sittūn	سِتّون
sessenta e um	wāḥid wa sittūn	واحد وسِتّون
sessenta e dois	iθnān wa sittūn	إثنان وسِتّون
sessenta e três	θalāθa wa sittūn	ثلاثة وسِتّون

setenta	sab'ūn	سبعون
setenta e um	wāḥid wa sab'ūn	واحد وسبعون
setenta e dois	iθnān wa sab'ūn	إثنان وسبعون
setenta e três	θalāθa wa sab'ūn	ثلاثة وسبعون

oitenta	θamānūn	ثمانون
oitenta e um	wāḥid wa θamānūn	واحد وثمانون
oitenta e dois	iθnān wa θamānūn	إثنان وثمانون
oitenta e três	θalāθa wa θamānūn	ثلاثة وثمانون

noventa	tis'ūn	تسعون
noventa e um	wāḥid wa tis'ūn	واحد وتسعون
noventa e dois	iθnān wa tis'ūn	إثنان وتسعون
noventa e três	θalāθa wa tis'ūn	ثلاثة وتسعون

8. Números cardinais. Parte 2

cem	mi'a	مائة
duzentos	mi'atān	مائتان
trezentos	θalāθumi'a	ثلاثمائة
quatrocentos	rub'umi'a	أربعمائة
quinhentos	χamsumi'a	خمسمائة

seiscentos	sittumi'a	سِتّمائة
setecentos	sab'umi'a	سبعمائة
oitocentos	θamānimi'a	ثمانمائة
novecentos	tis'umi'a	تسعمائة

mil	alf	ألف
dois mil	alfān	ألفان
três mil	θalāθat 'ālāf	ثلاثة آلاف
dez mil	'aʃarat 'ālāf	عشرة آلاف
cem mil	mi'at alf	مائة ألف
um milhão	milyūn (m)	مليون
mil milhões	milyār (m)	مليار

9. Números ordinais

primeiro	awwal	أوّل
segundo	θāni	ثان
terceiro	θāliθ	ثالث
quarto	rābi'	رابع
quinto	χāmis	خامس

sexto	sādis	سادس
sétimo	sābiʿ	سابع
oitavo	θāmin	ثامن
nono	tāsiʿ	تاسع
décimo	ʿāʃir	عاشر

CORES.
UNIDADES DE MEDIDA

T&P Books Publishing

10. Cores

cor (f)	lawn (m)	لون
matiz (m)	daraʒat al lawn (m)	درجة اللون
tom (m)	ṣabɣit lūn (f)	لون
arco-íris (m)	qaws quzaḥ (m)	قوس قزح

branco	abyaḍ	أبيض
preto	aswad	أسود
cinzento	ramādiy	رماديّ

verde	axḍar	أخضر
amarelo	aṣfar	أصفر
vermelho	aḥmar	أحمر
azul	azraq	أزرق
azul claro	azraq fātiḥ	أزرق فاتح
rosa	wardiy	ورديّ
laranja	burtuqāliy	برتقاليّ
violeta	banafsaʒiy	بنفسجيّ
castanho	bunniy	بنّيّ

dourado	ðahabiy	ذهبيّ
prateado	fiḍḍiy	فضّيّ
bege	bɛːʒ	بيج
creme	ʿāʒiy	عاجيّ
turquesa	fayrūziy	فيروزيّ
vermelho cereja	karaziy	كرزيّ
lilás	laylakiy	ليلكيّ
carmesim	qirmiziy	قرمزيّ

claro	fātiḥ	فاتح
escuro	ɣāmiq	غامق
vivo	zāhi	زاه

de cor	mulawwan	ملوّن
a cores	mulawwan	ملوّن
preto e branco	abyaḍ wa aswad	أبيض وأسود
unicolor	waḥīd al lawn, sāda	وحيد اللون, سادة
multicor	mutaʿaddid al alwān	متعدّد الألوان

11. Unidades de medida

peso (m)	wazn (m)	وزن
comprimento (m)	ṭūl (m)	طول

largura (f)	'arḍ (m)	عرض
altura (f)	irtifā' (m)	إرتفاع
profundidade (f)	'umq (m)	عمق
volume (m)	ḥaʒm (m)	حجم
área (f)	misāḥa (f)	مساحة

grama (m)	grām (m)	جرام
miligrama (m)	milliɣrām (m)	مليغرام
quilograma (m)	kiluɣrām (m)	كيلوغرام
tonelada (f)	ṭunn (m)	طنّ
libra (453,6 gramas)	raṭl (m)	رطل
onça (f)	ūnṣa (f)	أونصة

metro (m)	mitr (m)	متر
milímetro (m)	millimitr (m)	مليمتر
centímetro (m)	santimitr (m)	سنتيمتر
quilómetro (m)	kilumitr (m)	كيلومتر
milha (f)	mīl (m)	ميل

polegada (f)	būṣa (f)	بوصة
pé (304,74 mm)	qadam (f)	قدم
jarda (914,383 mm)	yārda (f)	ياردة

metro (m) quadrado	mitr murabba' (m)	متر مربّع
hectare (m)	hiktār (m)	هكتار
litro (m)	litr (m)	لتر
grau (m)	daraʒa (f)	درجة
volt (m)	vūlt (m)	فولت
ampere (m)	ambīr (m)	أمبير
cavalo-vapor (m)	ḥiṣān (m)	حصان

quantidade (f)	kammiyya (f)	كمّية
um pouco de ...	qalīl ...	قليل...
metade (f)	niṣf (m)	نصف
dúzia (f)	iθnā 'aʃar (f)	إثنا عشر
peça (f)	waḥda (f)	وحدة

| dimensão (f) | ḥaʒm (m) | حجم |
| escala (f) | miqyās (m) | مقياس |

mínimo	al adna	الأدنى
menor, mais pequeno	al aṣɣar	الأصغر
médio	mutawassiṭ	متوسّط
máximo	al aqṣa	الأقصى
maior, mais grande	al akbar	الأكبر

12. Recipientes

| boião (m) de vidro | barṭamān (m) | برطمان |
| lata (~ de cerveja) | tanaka (f) | تنكة |

balde (m)	ӡardal (m)	جردل
barril (m)	barmīl (m)	برميل
bacia (~ de plástico)	ḥawḍ lil ɣasīl (m)	حوض للغسيل
tanque (m)	χazzān (m)	خزّان
cantil (m) de bolso	zamzamiyya (f)	زمزميّة
bidão (m) de gasolina	ӡirikan (m)	جركن
cisterna (f)	χazzān (m)	خزّان
caneca (f)	mãgg (m)	ماج
chávena (f)	finӡān (m)	فنجان
pires (m)	ṭabaq finӡān (m)	طبق فنجان
copo (m)	kubbāya (f)	كبّاية
taça (m) de vinho	ka's (f)	كأس
panela (f)	kassirūlla (f)	كاسرولة
garrafa (f)	zuӡāӡa (f)	زجاجة
gargalo (m)	'unq (m)	عنق
jarro, garrafa (f)	dawraq zuӡāӡiy (m)	دورق زجاجيّ
jarro (m) de barro	ibrīq (m)	إبريق
recipiente (m)	inā' (m)	إناء
pote (m)	aṣīṣ (m)	أصيص
vaso (m)	vāza (f)	فازة
frasco (~ de perfume)	zuӡāӡa (f)	زجاجة
frasquinho (ex. ~ de iodo)	zuӡāӡa (f)	زجاجة
tubo (~ de pasta dentífrica)	umbūba (f)	أنبوبة
saca (ex. ~ de açúcar)	kīs (m)	كيس
saco (~ de plástico)	kīs (m)	كيس
maço (m)	'ulba (f)	علبة
caixa (~ de sapatos, etc.)	'ulba (f)	علبة
caixa (~ de madeira)	ṣundū' (m)	صندوق
cesta (f)	salla (f)	سلّة

VERBOS PRINCIPAIS

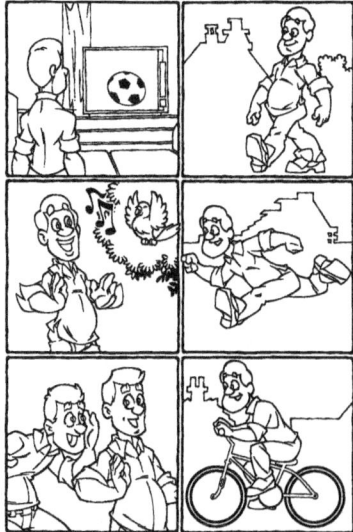

T&P Books Publishing

abrir (vt)	fataḥ	فتح
acabar, terminar (vt)	atamm	أتمّ
aconselhar (vt)	naṣaḥ	نصح
adivinhar (vt)	χamman	خمّن
advertir (vt)	ḥaððar	حذّر
ajudar (vt)	sāʿad	ساعد
almoçar (vi)	taɣadda	تغدّى
alugar (~ um apartamento)	istaʾʒar	إستأجر
amar (vt)	aḥabb	أحبّ
ameaçar (vt)	haddad	هدّد
anotar (escrever)	katab	كتب
apanhar (vt)	amsak	أمسك
arrepender-se (vp)	nadim	ندم
assinar (vt)	waqqaʿ	وقّع
atirar, disparar (vi)	aṭlaq an nār	أطلق النار
banhar-se (vp)	sabaḥ	سبح
brincar (vi)	mazaḥ	مزح
brincar, jogar (crianças)	laʿib	لعب
buscar (vt)	baḥaθ	بحث
caçar (vi)	iṣṭād	إصطاد
cair (vi)	saqaṭ	سقط
cavar (vt)	ḥafar	حفر
cessar (vt)	tawaqqaf	توقّف
chamar (~ por socorro)	istaɣāθ	إستغاث
chegar (vi)	waṣal	وصل
chorar (vi)	baka	بكى
começar (vt)	badaʾ	بدأ
comparar (vt)	qāran	قارن
compreender (vt)	fahim	فهم
confiar (vt)	waθiq	وثق
confundir (equivocar-se)	iχtalaṭ	إختلط
conhecer (vt)	ʿaraf	عرف
contar (fazer contas)	ʿadd	عدّ
contar com (esperar)	iʿtamad ʿala …	...إعتمد على
continuar (vt)	istamarr	إستمرّ
controlar (vt)	taḥakkam	تحكّم
convidar (vt)	daʿa	دعا

correr (vi)	ʒara	جرى
criar (vt)	χalaq	خلق
custar (vt)	kallaf	كلّف

14. Os verbos mais importantes. Parte 2

dar (vt)	aʿta	أعطى
dar uma dica	aʿta talmīḥ	أعطى تلميحًا
decorar (enfeitar)	zayyan	زيّن
defender (vt)	dāfaʿ	دافع
deixar cair (vt)	awqaʿ	أوقع
descer (para baixo)	nazil	نزل
desculpar-se (vp)	iʿtaðar	إعتذر
dirigir (~ uma empresa)	adār	أدار
discutir (notícias, etc.)	nāqaʃ	ناقش
dizer (vt)	qāl	قال
duvidar (vt)	ʃakk fi	شكّ في
encontrar (achar)	waʒad	وجد
enganar (vt)	χadaʿ	خدع
entrar (na sala, etc.)	daχal	دخل
enviar (uma carta)	arsal	أرسل
errar (equivocar-se)	aχtaʾ	أخطأ
escolher (vt)	iχtār	إختار
esconder (vt)	χabaʾ	خبأ
escrever (vt)	katab	كتب
esperar (o autocarro, etc.)	intazar	إنتظر
esperar (ter esperança)	tamanna	تمنّى
esquecer (vi, vt)	nasiy	نسي
estar com pressa	istaʿʒal	إستعجل
estar de acordo	ittafaq	إتّفق
estudar (vt)	daras	درس
exigir (vt)	ṭālib	طالب
existir (vi)	kān mawʒūd	كان موجودًا
explicar (vt)	ʃaraḥ	شرح
falar (vi)	takallam	تكلّم
faltar (clases, etc.)	ɣāb	غاب
fazer (vt)	ʿamal	عمل
ficar em silêncio	sakat	سكت
gabar-se, jactar-se (vp)	tabāha	تباهى
gostar (apreciar)	aʿʒab	أعجب
gritar (vi)	ṣaraχ	صرخ
guardar (cartas, etc.)	ḥafaz	حفظ

15. Os verbos mais importantes. Parte 3

informar (vt)	aχbar	أخبر
insistir (vi)	aṣarr	أصرّ
insultar (vt)	ahān	أهان
interessar-se (vp)	ihtamm	إهتمّ
ir (a pé)	maʃa	مشى
jantar (vi)	ta'aʃʃa	تعشّى
ler (vt)	qara'	قرأ
libertar (cidade, etc.)	ḥarrar	حرّر
matar (vt)	qatal	قتل
mencionar (vt)	ðakar	ذكر
mostrar (vt)	'araḍ	عرض
mudar (modificar)	ɣayyar	غيّر
nadar (vi)	sabaḥ	سبح
negar-se (vt)	rafaḍ	رفض
objetar (vt)	i'taraḍ	إعترض
observar (vt)	rāqab	راقب
ordenar (mil.)	amar	أمر
ouvir (vt)	sami'	سمع
pagar (vt)	dafa'	دفع
parar (vi)	waqaf	وقف
participar (vi)	iʃtarak	إشترك
pedir (comida)	ṭalab	طلب
pedir (um favor, etc.)	ṭalab	طلب
pegar (tomar)	aχað	أخذ
pensar (vt)	ẓann	ظنّ
perceber (ver)	lāḥaẓ	لاحظ
perdoar (vt)	'afa	عفا
perguntar (vt)	sa'al	سأل
permitir (vt)	raχχaṣ	رخّص
pertencer (vt)	χaṣṣ	خصّ
planear (vt)	χaṭṭaṭ	خطّط
poder (v aux)	istaṭā'	إستطاع
possuir (vt)	malak	ملك
preferir (vt)	faḍḍal	فضّل
preparar (vt)	ḥaḍḍar	حضّر
prever (vt)	tanabba'	تنبّأ
prometer (vt)	wa'ad	وعد
pronunciar (vt)	naṭaq	نطق
propor (vt)	iqtaraḥ	إقترح
punir, castigar (vt)	'āqab	عاقب
quebrar (vt)	kasar	كسر

| queixar-se (vp) | ʃaka | شكا |
| querer (desejar) | arād | أراد |

16. Os verbos mais importantes. Parte 4

recomendar (vt)	naṣaḥ	نصح
repetir (dizer outra vez)	karrar	كرّر
repreender (vt)	wabbaχ	وبّخ
reservar (~ um quarto)	ḥaʒaz	حجز
responder (vt)	aʒāb	أجاب

rezar, orar (vi)	ṣalla	صلّى
rir-se (vi)	ḍaḥik	ضحك
roubar (vt)	saraq	سرق
saber (vt)	ʿaraf	عرف
sair (~ de casa)	χaraʒ	خرج
salvar (vt)	anqað	أنقذ

seguir ...	tabaʿ	تبع
sentar-se (vp)	ʒalas	جلس
ser necessário	kān maṭlūb	كان مطلويا
ser, estar	kān	كان

significar (vt)	ʿana	عنى
sorrir (vi)	ibtasam	إبتسم
subestimar (vt)	istaχaff	إستخفّ
surpreender-se (vp)	indahaʃ	إندهش
tentar (vt)	ḥāwal	حاول

ter (vt)	malak	ملك
ter fome	arād an ya'kul	أراد أن يأكل
ter medo	χāf	خاف

ter sede	arād an yaʃrab	أراد أن يشرب
tocar (com as mãos)	lamas	لمس
tomar o pequeno-almoço	afṭar	أفطر
trabalhar (vi)	ʿamal	عمل
traduzir (vt)	tarʒam	ترجم

unir (vt)	waḥḥad	وحّد
vender (vt)	bāʿ	باع
ver (vt)	ra'a	رأى
virar (ex. ~ à direita)	inʿaṭaf	إنعطف
voar (vi)	ṭār	طار

TEMPO. CALENDÁRIO

T&P Books Publishing

17. Dias da semana

segunda-feira (f)	yawm al iθnayn (m)	يوم الإثنين
terça-feira (f)	yawm aθ θulāθā' (m)	يوم الثلاثاء
quarta-feira (f)	yawm al arbi'ā' (m)	يوم الأربعاء
quinta-feira (f)	yawm al χamīs (m)	يوم الخميس
sexta-feira (f)	yawm al ʒum'a (m)	يوم الجمعة
sábado (m)	yawm as sabt (m)	يوم السبت
domingo (m)	yawm al aḥad (m)	يوم الأحد
hoje	al yawm	اليوم
amanhã	ɣadan	غدًا
depois de amanhã	ba'd ɣad	بعد غد
ontem	ams	أمس
anteontem	awwal ams	أوّل أمس
dia (m)	yawm (m)	يوم
dia (m) de trabalho	yawm 'amal (m)	يوم عمل
feriado (m)	yawm al 'uṭla ar rasmiyya (m)	يوم العطلة الرسمية
dia (m) de folga	yawm 'uṭla (m)	يوم عطلة
fim (m) de semana	ayyām al 'uṭla (pl)	أيام العطلة
o dia todo	ṭūl al yawm	طول اليوم
no dia seguinte	fil yawm at tāli	في اليوم التالي
há dois dias	min yawmayn	قبل يومين
na véspera	fil yawm as sābiq	في اليوم السابق
diário	yawmiy	يومي
todos os dias	yawmiyyan	يوميًا
semana (f)	usbū' (m)	أسبوع
na semana passada	fil isbū' al māḍi	في الأسبوع الماضي
na próxima semana	fil isbū' al qādim	في الأسبوع القادم
semanal	usbū'iy	أسبوعي
cada semana	usbū'iyyan	أسبوعيًا
duas vezes por semana	marratayn fil usbū'	مرّتين في الأسبوع
cada terça-feira	kull yawm aθ θulaθā'	كل يوم الثلاثاء

18. Horas. Dia e noite

manhã (f)	ṣabāḥ (m)	صباح
de manhã	fiṣ ṣabāḥ	في الصباح
meio-dia (m)	ẓuhr (m)	ظهر
à tarde	ba'd aẓ ẓuhr	بعد الظهر

noite (f)	masā' (m)	مساء
à noite (noitinha)	fil masā'	في المساء
noite (f)	layl (m)	ليل
à noite	bil layl	بالليل
meia-noite (f)	muntaṣif al layl (m)	منتصف الليل

segundo (m)	θāniya (f)	ثانية
minuto (m)	daqīqa (f)	دقيقة
hora (f)	sā'a (f)	ساعة
meia hora (f)	niṣf sā'a (m)	نصف ساعة
quarto (m) de hora	rub' sā'a (f)	ربع ساعة
quinze minutos	χamsat 'aʃar daqīqa	خمس عشرة دقيقة
vinte e quatro horas	yawm kāmil (m)	يوم كامل

nascer (m) do sol	ʃurūq aʃ ʃams (m)	شروق الشمس
amanhecer (m)	faʒr (m)	فجر
madrugada (f)	ṣabāḥ bākir (m)	صباح باكر
pôr do sol (m)	ɣurūb aʃ ʃams (m)	غروب الشمس

de madrugada	fis ṣabāḥ al bākir	في الصباح الباكر
hoje de manhã	al yawm fiṣ ṣabāḥ	اليوم في الصباح
amanhã de manhã	ɣadan fiṣ ṣabāḥ	غدًا في الصباح

hoje à tarde	al yawm ba'd aẓ ẓuhr	اليوم بعد الظهر
à tarde	ba'd aẓ ẓuhr	بعد الظهر
amanhã à tarde	ɣadan ba'd aẓ ẓuhr	غدًا بعد الظهر

| hoje à noite | al yawm fil masā' | اليوم في المساء |
| amanhã à noite | ɣadan fil masā' | غدًا في المساء |

às três horas em ponto	fis sā'a aθ θāliθa tamāman	في الساعة الثالثة تماما
por volta das quatro	fis sā'a ar rābi'a taqrīban	في الساعة الرابعة تقريبا
às doze	ḥattas sā'a aθ θāniya 'aʃara	حتى الساعة الثانية عشرة

dentro de vinte minutos	ba'd 'iʃrīn daqīqa	بعد عشرين دقيقة
dentro duma hora	ba'd sā'a	بعد ساعة
a tempo	fi maw'idih	في موعده

menos um quarto	illa rub'	إلا ربع
durante uma hora	ṭiwāl sā'a	طوال الساعة
a cada quinze minutos	kull rub' sā'a	كل ربع ساعة
as vinte e quatro horas	layl nahār	ليل نهار

19. Meses. Estações

janeiro (m)	yanāyir (m)	يناير
fevereiro (m)	fibrāyir (m)	فبراير
março (m)	māris (m)	مارس
abril (m)	abrīl (m)	أبريل
maio (m)	māyu (m)	مايو

junho (m)	yūnyu (m)	يونيو
julho (m)	yūlyu (m)	يوليو
agosto (m)	aɣusṭus (m)	أغسطس
setembro (m)	sibtambar (m)	سبتمبر
outubro (m)	uktūbir (m)	أكتوبر
novembro (m)	nuvimbar (m)	نوفمبر
dezembro (m)	disimbar (m)	ديسمبر
primavera (f)	rabī' (m)	ربيع
na primavera	fir rabī'	في الربيع
primaveril	rabī'iy	ربيعي
verão (m)	ṣayf (m)	صيف
no verão	fiṣ ṣayf	في الصيف
de verão	ṣayfiy	صيفي
outono (m)	χarīf (m)	خريف
no outono	fil χarīf	في الخريف
outonal	χarīfiy	خريفيّ
inverno (m)	ʃitā' (m)	شتاء
no inverno	fiʃ ʃitā'	في الشتاء
de inverno	ʃitawiy	شتويّ
mês (m)	ʃahr (m)	شهر
este mês	fi haða aʃ ʃahr	في هذا الشهر
no próximo mês	fiʃ ʃahr al qādim	في الشهر القادم
no mês passado	fiʃ ʃahr al māḍi	في الشهر الماضي
há um mês	qabl ʃahr	قبل شهر
dentro de um mês	ba'd ʃahr	بعد شهر
dentro de dois meses	ba'd ʃahrayn	بعد شهرين
todo o mês	ṭūl aʃ ʃahr	طول الشهر
um mês inteiro	ʃahr kāmil	شهر كامل
mensal	ʃahriy	شهريّ
mensalmente	kull ʃahr	كل شهر
cada mês	kull ʃahr	كل شهر
duas vezes por mês	marratayn fiʃ ʃahr	مرّتين في الشهر
ano (m)	sana (f)	سنة
este ano	fi haðihi as sana	في هذه السنة
no próximo ano	fis sana al qādima	في السنة القادمة
no ano passado	fis sana al māḍiya	في السنة الماضية
há um ano	qabla sana	قبل سنة
dentro dum ano	ba'd sana	بعد سنة
dentro de 2 anos	ba'd sanatayn	بعد سنتين
todo o ano	ṭūl as sana	طول السنة
um ano inteiro	sana kāmila	سنة كاملة
cada ano	kull sana	كل سنة
anual	sanawiy	سنويّ

anualmente	kull sana	كل سنة
quatro vezes por ano	arba' marrāt fis sana	أربع مرّات في السنة
data (~ de hoje)	tarīχ (m)	تاريخ
data (ex. ~ de nascimento)	tarīχ (m)	تاريخ
calendário (m)	taqwīm (m)	تقويم
meio ano	niṣf sana (m)	نصف سنة
seis meses	niṣf sana (m)	نصف سنة
estação (f)	faṣl (m)	فصل
século (m)	qarn (m)	قرن

VIAGENS. HOTEL

T&P Books Publishing

20. Viagens

turismo (m)	siyāḥa (f)	سياحة
turista (m)	sā'iḥ (m)	سائح
viagem (f)	riḥla (f)	رحلة
aventura (f)	muɣāmara (f)	مغامرة
viagem (f)	riḥla (f)	رحلة
férias (f pl)	'uṭla (f)	عطلة
estar de férias	'indahu 'uṭla	عنده عطلة
descanso (m)	istirāḥa (f)	إستراحة
comboio (m)	qiṭār (m)	قطار
de comboio (chegar ~)	bil qiṭār	بالقطار
avião (m)	ṭā'ira (f)	طائرة
de avião	biṭ ṭā'ira	بالطائرة
de carro	bis sayyāra	بالسيّارة
de navio	bis safīna	بالسفينة
bagagem (f)	aʃ ʃunaṭ (pl)	الشنط
mala (f)	ḥaqībat safar (f)	حقيبة سفر
carrinho (m)	'arabat ʃunaṭ (f)	عربة شنط
passaporte (m)	ʒawāz as safar (m)	جواز السفر
visto (m)	ta'ʃīra (f)	تأشيرة
bilhete (m)	taðkira (f)	تذكرة
bilhete (m) de avião	taðkirat ṭā'ira (f)	تذكرة طائرة
guia (m) de viagem	dalīl (m)	دليل
mapa (m)	χarīṭa (f)	خريطة
local (m), area (f)	mintaqa (f)	منطقة
lugar, sítio (m)	makān (m)	مكان
exotismo (m)	ɣarāba (f)	غرابة
exótico	ɣarīb	غريب
surpreendente	mudhiʃ	مدهش
grupo (m)	maʒmū'a (f)	مجموعة
excursão (f)	ʒawla (f)	جولة
guia (m)	murʃid (m)	مرشد

21. Hotel

hotel (m)	funduq (m)	فندق
motel (m)	mutīl (m)	موتيل

três estrelas	θalāθat nuʒūm	ثلاثة نجوم
cinco estrelas	χamsat nuʒūm	خمسة نجوم
ficar (~ num hotel)	nazal	نزل
quarto (m)	ɣurfa (f)	غرفة
quarto (m) individual	ɣurfa li ʃaχṣ wāḥid (f)	غرفة لشخص واحد
quarto (m) duplo	ɣurfa li ʃaχṣayn (f)	غرفة لشخصين
reservar um quarto	ḥaʒaz ɣurfa	حجز غرفة
meia pensão (f)	waʒbitān fil yawm (du)	وجبتان في اليوم
pensão (f) completa	θalāθ waʒabāt fil yawm	ثلاث وجبات في اليوم
com banheira	bi ḥawḍ al istiḥmām	بحوض الإستحمام
com duche	bid duʃ	بالدوش
televisão (m) satélite	tilivizyūn faḍāʼiy (m)	تلفزيون فضائيّ
ar (m) condicionado	takyīf (m)	تكييف
toalha (f)	fūṭa (f)	فوطة
chave (f)	miftāḥ (m)	مفتاح
administrador (m)	mudīr (m)	مدير
camareira (f)	ʿāmilat tanzīf ɣuraf (f)	عاملة تنظيف غرف
bagageiro (m)	ḥammāl (m)	حمّال
porteiro (m)	bawwāb (m)	بوّاب
restaurante (m)	maṭʿam (m)	مطعم
bar (m)	bār (m)	بار
pequeno-almoço (m)	fuṭūr (m)	فطور
jantar (m)	ʿaʃāʼ (m)	عشاء
buffet (m)	bufīh (m)	بوفيه
hall (m) de entrada	radha (f)	ردهة
elevador (m)	miṣʿad (m)	مصعد
NÃO PERTURBE	ar raʒāʼ ʿadam al izʿāʒ	الرجاء عدم الإزعاج
PROIBIDO FUMAR!	mamnūʿ at tadχīn	ممنوع التدخين

22. Turismo

monumento (m)	timθāl (m)	تمثال
fortaleza (f)	qalʿa (f), ḥiṣn (m)	قلعة، حصن
palácio (m)	qaṣr (m)	قصر
castelo (m)	qalʿa (f)	قلعة
torre (f)	burʒ (m)	برج
mausoléu (m)	ḍarīḥ (m)	ضريح
arquitetura (f)	handasa miʿmāriyya (f)	هندسة معماريّة
medieval	min al qurūn al wusṭa	من القرون الوسطى
antigo	qadīm	قديم
nacional	waṭaniy	وطنيّ
conhecido	maʃhūr	مشهور

turista (m)	sã'iḥ (m)	سائح
guia (pessoa)	murʃid (m)	مرشد
excursão (f)	ӡawla (f)	جولة
mostrar (vt)	'araḍ	عرض
contar (vt)	ḥaddaθ	حدّث
encontrar (vt)	waӡad	وجد
perder-se (vp)	ḍã'	ضاع
mapa (~ do metrô)	χarĩṭa (f)	خريطة
mapa (~ da cidade)	χarĩṭa (f)	خريطة
lembrança (f), presente (m)	tiðkãr (m)	تذكار
loja (f) de presentes	maḥall hadāya (m)	محلّ هدايا
fotografar (vt)	ṣawwar	صوّر
fotografar-se	taṣawwar	تصوّر

BOOKS

T&P

TRANSPORTES

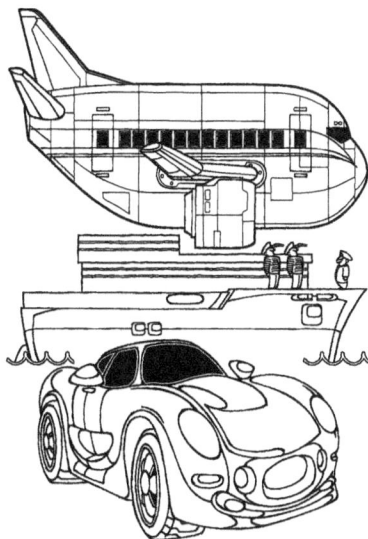

T&P Books Publishing

aeroporto (m)	maṭār (m)	مطار
avião (m)	ṭā'ira (f)	طائرة
companhia (f) aérea	ʃarikat ṭayarān (f)	شركة طيران
controlador (m) de tráfego aéreo	marāqib al ḥaraka al ʒawwiyÿa (pl)	مراقب الحركة الجويّة
partida (f)	muɣādara (f)	مغادرة
chegada (f)	wuṣūl (m)	وصول
chegar (~ de avião)	waṣal	وصل
hora (f) de partida	waqt al muɣādara (m)	وقت المغادرة
hora (f) de chegada	waqt al wuṣūl (m)	وقت الوصول
estar atrasado	ta'aχχar	تأخّر
atraso (m) de voo	ta'aχχur ar riḥla (m)	تأخّر الرحلة
painel (m) de informação	lawḥat al maʿlūmāt (f)	لوحة المعلومات
informação (f)	istiʿlāmāt (pl)	إستعلامات
anunciar (vt)	aʿlan	أعلن
voo (m)	riḥla (f)	رحلة
alfândega (f)	ʒamārik (pl)	جمارك
funcionário (m) da alfândega	muwazzaf al ʒamārik (m)	موظّف الجمارك
declaração (f) alfandegária	taṣrīḥ ʒumrukiy (m)	تصريح جمركيّ
preencher (vt)	mala'	ملأ
preencher a declaração	mala' at taṣrīḥ	ملأ التصريح
controlo (m) de passaportes	taftīʃ al ʒawāzāt (m)	تفتيش الجوازات
bagagem (f)	aʃ ʃunaṭ (pl)	الشنط
bagagem (f) de mão	ʃunaṭ al yad (pl)	شنط اليد
carrinho (m)	ʿarabat ʃunaṭ (f)	عربة شنط
aterragem (f)	hubūṭ (m)	هبوط
pista (f) de aterragem	mamarr al hubūṭ (m)	ممرّ الهبوط
aterrar (vi)	habaṭ	هبط
escada (f) de avião	sullam aṭ ṭā'ira (m)	سلّم الطائرة
check-in (m)	tasʒīl (m)	تسجيل
balcão (m) do check-in	makān at tasʒīl (m)	مكان التسجيل
fazer o check-in	saʒʒal	سجّل
cartão (m) de embarque	biṭāqat ṣuʿūd (f)	بطاقة صعود

porta (f) de embarque	bawwābat al muɣādara (f)	بوّابة المغادرة
trânsito (m)	tranzīt (m)	ترانزيت
esperar (vi, vt)	intazar	إنتظر
sala (f) de espera	qā'at al muɣādara (f)	قاعة المغادرة
despedir-se de …	wadda'	ودّع
dizer adeus	wadda'	ودّع

24. Avião

avião (m)	tā'ira (f)	طائرة
bilhete (m) de avião	taðkirat tā'ira (f)	تذكرة طائرة
companhia (f) aérea	ʃarikat tayarān (f)	شركة طيران
aeroporto (m)	matār (m)	مطار
supersónico	χāriq liʃ sawt	خارق للصوت

comandante (m) do avião	qā'id at tā'ira (m)	قائد الطائرة
tripulação (f)	tāqim (m)	طاقم
piloto (m)	tayyār (m)	طيّار
hospedeira (f) de bordo	muðīfat tayarān (f)	مضيفة طيران
copiloto (m)	mallāh (m)	ملّاح

asas (f pl)	aʒniha (pl)	أجنحة
cauda (f)	ðayl (m)	ذيل
cabine (f) de pilotagem	kabīna (f)	كابينة
motor (m)	mutūr (m)	موتور
trem (m) de aterragem	'aʒalāt al hubūt (pl)	عجلات الهبوط
turbina (f)	turbīna (f)	تربينة

hélice (f)	mirwaha (f)	مروحة
caixa (f) negra	musaʒʒil at tayarān (m)	مسجّل الطيران
coluna (f) de controle	'aʒalat qiyāda (f)	عجلة قيادة
combustível (m)	wuqūd (m)	وقود

instruções (f pl) de segurança	bitāqat as salāma (f)	بطاقة السلامة
máscara (f) de oxigénio	qinā' uksiʒīn (m)	قناع أوكسيجين
uniforme (m)	libās muwahhad (m)	لباس موحّد
colete (m) salva-vidas	sutrat naʒāt (f)	سترة نجاة
paraquedas (m)	miʒallat hubūt (f)	مظلّة هبوط

descolagem (f)	iqlā' (m)	إقلاع
descolar (vi)	aqla'at	أقلعت
pista (f) de descolagem	madraʒ at tā'irāt (m)	مدرج الطائرات

visibilidade (f)	ru'ya (f)	رؤية
voo (m)	tayarān (m)	طيران
altura (f)	irtifā' (m)	إرتفاع
poço (m) de ar	ʒayb hawā'iy (m)	جيب هوائيّ
assento (m)	maq'ad (m)	مقعد
auscultadores (m pl)	sammā'āt ra'siya (pl)	سمّاعات رأسيّة

mesa (f) rebatível	sīniyya qābila liṭ ṭayy (f)	صينية قابلة للطيّ
vigia (f)	ʃubbāk aṭ ṭā'ira (m)	شبّاك الطائرة
passagem (f)	mamarr (m)	ممرّ

25. Comboio

comboio (m)	qiṭār (m)	قطار
comboio (m) suburbano	qiṭār (m)	قطار
comboio (m) rápido	qiṭār sarī' (m)	قطار سريع
locomotiva (f) diesel	qāṭirat dīzil (f)	قاطرة ديزل
comboio (m) a vapor	qāṭira buxāriyya (f)	قاطرة بخاريّة

| carruagem (f) | 'araba (f) | عربة |
| carruagem restaurante (f) | 'arabat al maṭ'am (f) | عربة المطعم |

trilhos (m pl)	quḍubān (pl)	قضبان
caminho de ferro (m)	sikka ḥadīdiyya (f)	سكّة حديديّة
travessa (f)	'āriḍa (f)	عارضة

plataforma (f)	raṣīf (m)	رصيف
linha (f)	xaṭṭ (m)	خطّ
semáforo (m)	simafūr (m)	سيمافور
estação (f)	maḥaṭṭa (f)	محطّة

maquinista (m)	sā'iq (m)	سائق
bagageiro (m)	ḥammāl (m)	حمّال
condutor (m)	mas'ūl 'arabat al qiṭār (m)	مسؤول عربة القطار
passageiro (m)	rākib (m)	راكب
revisor (m)	kamsariy (m)	كمسريّ

| corredor (m) | mamarr (m) | ممرّ |
| freio (m) de emergência | farāmil aṭ ṭawāri' (pl) | فرامل الطوارئ |

compartimento (m)	yurfa (f)	غرفة
cama (f)	sarīr (m)	سرير
cama (f) de cima	sarīr 'ulwiy (m)	سرير علويّ
cama (f) de baixo	sarīr sufliy (m)	سرير سفليّ
roupa (f) de cama	aytiyat as sarīr (pl)	أغطية السرير

bilhete (m)	taðkira (f)	تذكرة
horário (m)	ʒadwal (m)	جدول
painel (m) de informação	lawḥat ma'lūmāt (f)	لوحة معلومات

partir (vt)	yādar	غادر
partida (f)	muyādara (f)	مغادرة
chegar (vi)	waṣal	وصل
chegada (f)	wuṣūl (m)	وصول

| chegar de comboio | waṣal bil qiṭār | وصل بالقطار |
| apanhar o comboio | rakib al qiṭār | ركب القطار |

sair do comboio	nazil min al qiṭār	نزل من القطار
acidente (m) ferroviário	hiṭām qiṭār (m)	حطام قطار
descarrilar (vi)	xaraʒ ʿan xaṭṭ sayrih	خرج عن خطّ سيره
comboio (m) a vapor	qāṭira buxāriyya (f)	قاطرة بخاريّة
fogueiro (m)	ʿataʃʒiy (m)	عطشجيّ
fornalha (f)	furn al muḥarrik (m)	فرن المحرّك
carvão (m)	faḥm (m)	فحم

26. Barco

navio (m)	safīna (f)	سفينة
embarcação (f)	safīna (f)	سفينة
vapor (m)	bāxira (f)	باخرة
navio (m)	bāxira nahriyya (f)	باخرة نهريّة
transatlântico (m)	bāxira siyaḥiyya (f)	باخرة سياحيّة
cruzador (m)	ṭarrād (m)	طرّاد
iate (m)	yaxt (m)	يخت
rebocador (m)	qāṭira (f)	قاطرة
barcaça (f)	ṣandal (m)	صندل
ferry (m)	ʿabbāra (f)	عبّارة
veleiro (m)	safīna ʃirāʿiyya (m)	سفينة شراعيّة
bergantim (m)	markab ʃirāʿiy (m)	مركب شراعيّ
quebra-gelo (m)	muḥaṭṭimat ʒalīd (f)	محطّمة جليد
submarino (m)	ɣawwāṣa (f)	غوّاصة
bote, barco (m)	markab (m)	مركب
bote, dingue (m)	zawraq (m)	زورق
bote (m) salva-vidas	qārib naʒāt (m)	قارب نجاة
lancha (f)	lanʃ (m)	لنش
capitão (m)	qubṭān (m)	قبطان
marinheiro (m)	baḥḥār (m)	بحّار
marujo (m)	baḥḥār (m)	بحّار
tripulação (f)	ṭāqim (m)	طاقم
contramestre (m)	raʾīs al baḥḥāra (m)	رئيس البحّارة
grumete (m)	ṣabiy as safīna (m)	صبي السفينة
cozinheiro (m) de bordo	ṭabbāx (m)	طبّاخ
médico (m) de bordo	ṭabīb as safīna (m)	طبيب السفينة
convés (m)	saṭḥ as safīna (m)	سطح السفينة
mastro (m)	sāriya (f)	سارية
vela (f)	ʃirāʿ (m)	شراع
porão (m)	ʿambar (m)	عنبر
proa (f)	muqaddama (m)	مقدّمة

popa (f)	mu'aꭓirat as safīna (f)	مؤخّرة السفينة
remo (m)	miȝðāf (m)	مجذاف
hélice (f)	mirwaḥa (f)	مروحة

camarote (m)	kabīna (f)	كابينة
sala (f) dos oficiais	ꭓurfat al istirāḥa (f)	غرفة الإستراحة
sala (f) das máquinas	qism al 'ālāt (m)	قسم الآلات
ponte (m) de comando	burȝ al qiyāda (m)	برج القيادة
sala (f) de comunicações	ꭓurfat al lāsilkiy (f)	غرفة اللاسلكيّ
onda (f) de rádio	mawȝa (f)	موجة
diário (m) de bordo	siȝil as safīna (m)	سجل السفينة

luneta (f)	minẓār (m)	منظار
sino (m)	ȝaras (m)	جرس
bandeira (f)	'alam (m)	علم

cabo (m)	ḥabl (m)	حبل
nó (m)	'uqda (f)	عقدة

corrimão (m)	drabizīn (m)	درابزين
prancha (f) de embarque	sullam (m)	سلّم

âncora (f)	mirsāt (f)	مرساة
recolher a âncora	rafa' mirsāt	رفع مرساة
lançar a âncora	rasa	رسا
amarra (f)	silsilat mirsāt (f)	سلسلة مرساة

porto (m)	mīnā' (m)	ميناء
cais, amarradouro (m)	marsa (m)	مرسى
atracar (vi)	rasa	رسا
desatracar (vi)	aqla'	أقلع

viagem (f)	riḥla (f)	رحلة
cruzeiro (m)	riḥla baḥriyya (f)	رحلة بحرية
rumo (m), rota (f)	masār (m)	مسار
itinerário (m)	ṭarīq (m)	طريق

canal (m) navegável	maȝra milāḥiy (m)	مجرى ملاحيّ
baixio (m)	miyāh ḍaḥla (f)	مياه ضحلة
encalhar (vt)	ȝanaḥ	جنح

tempestade (f)	'āṣifa (f)	عاصفة
sinal (m)	iʃāra (f)	إشارة
afundar-se (vp)	ꭓariq	غرق
Homem ao mar!	saqaṭ raȝul min as safīna!	!سقط رجل من السفينة
SOS	nidā' iꭓāθa (m)	نداء إغاثة
boia (f) salva-vidas	ṭawq naȝāt (m)	طوق نجاة

T&P BOOKS

CIDADE

T&P Books Publishing

27. Transportes urbanos

autocarro (m)	bāṣ (m)	باص
elétrico (m)	trām (m)	ترام
troleicarro (m)	truli bāṣ (m)	ترولي باص
itinerário (m)	χaṭṭ (m)	خط
número (m)	raqm (m)	رقم

ir de ... (carro, etc.)	rakib ...	...ركب
entrar (~ no autocarro)	rakib	ركب
descer de ...	nazil min	نزل من

paragem (f)	mawqif (m)	موقف
próxima paragem (f)	al maḥaṭṭa al qādima (f)	المحطة القادمة
ponto (m) final	āχir maḥaṭṭa (f)	آخر محطة
horário (m)	ȝadwal (m)	جدول
esperar (vt)	inṭazar	إنتظر

bilhete (m)	taðkira (f)	تذكرة
custo (m) do bilhete	uȝra (f)	أجرة

bilheteiro (m)	ṣarrāf (m)	صرّاف
controlo (m) dos bilhetes	taftīʃ taðkira (m)	تفتيش تذكرة
revisor (m)	mufattiʃ taðākir (m)	مفتّش تذاكر

atrasar-se (vp)	ta'aχχar	تأخّر
perder (o autocarro, etc.)	ta'aχχar	تأخّر
estar com pressa	istaʿȝal	إستعجل

táxi (m)	taksi (m)	تاكسي
taxista (m)	sā'iq taksi (m)	سائق تاكسي
de táxi (ir ~)	bit taksi	بالتاكسي
praça (f) de táxis	mawqif taksi (m)	موقف تاكسي
chamar um táxi	kallam tāksi	كلّم تاكسي
apanhar um táxi	aχað taksi	أخذ تاكسي

tráfego (m)	ḥarakat al murūr (f)	حركة المرور
engarrafamento (m)	zaḥmat al murūr (f)	زحمة المرور
horas (f pl) de ponta	sā'at að ðurwa (f)	ساعة الذروة
estacionar (vi)	awqaf	أوقف
estacionar (vt)	awqaf	أوقف
parque (m) de estacionamento	mawqif as sayyārāt (m)	موقف السيارات

metro (m)	mitru (m)	مترو
estação (f)	maḥaṭṭa (f)	محطة

ir de metro	rakib al mitru	ركب المترو
comboio (m)	qiṭār (m)	قطار
estação (f)	maḥaṭṭat qiṭār (f)	محطة قطار

28. Cidade. Vida na cidade

cidade (f)	madīna (f)	مدينة
capital (f)	'āṣima (f)	عاصمة
aldeia (f)	qarya (f)	قرية
mapa (m) da cidade	xarīṭat al madīna (f)	خريطة المدينة
centro (m) da cidade	markaz al madīna (m)	مركز المدينة
subúrbio (m)	ḍāḥiya (f)	ضاحية
suburbano	aḍ ḍawāḥi	الضواحي
periferia (f)	aṭrāf al madīna (pl)	أطراف المدينة
arredores (m pl)	ḍawāḥi al madīna (pl)	ضواحي المدينة
quarteirão (m)	ḥayy (m)	حيّ
quarteirão (m) residencial	ḥayy sakaniy (m)	حي سكني
tráfego (m)	ḥarakat al murūr (f)	حركة المرور
semáforo (m)	iʃārāt al murūr (pl)	إشارات المرور
transporte (m) público	wasāʾil an naql (pl)	وسائل النقل
cruzamento (m)	taqāṭuʿ (m)	تقاطع
passadeira (f) para peões	maʿbar al muʃāt (m)	معبر المشاة
passagem (f) subterrânea	nafaq muʃāt (m)	نفق مشاة
cruzar, atravessar (vt)	ʿabar	عبر
peão (m)	māʃi (m)	ماش
passeio (m)	raṣīf (m)	رصيف
ponte (f)	ʒisr (m)	جسر
marginal (f)	kurnīʃ (m)	كورنيش
fonte (f)	nāfūra (f)	نافورة
alameda (f)	mamʃa (m)	ممشى
parque (m)	ḥadīqa (f)	حديقة
bulevar (m)	bulvār (m)	بولفار
praça (f)	maydān (m)	ميدان
avenida (f)	ʃāriʿ (m)	شارع
rua (f)	ʃāriʿ (m)	شارع
travessa (f)	zuqāq (m)	زقاق
beco (m) sem saída	ṭarīq masdūd (m)	طريق مسدود
casa (f)	bayt (m)	بيت
edifício, prédio (m)	mabna (m)	مبنى
arranha-céus (m)	nāṭiḥat saḥāb (f)	ناطحة سحاب
fachada (f)	wāʒiha (f)	واجهة
telhado (m)	saqf (m)	سقف

janela (f)	ʃubbāk (m)	شبّاك
arco (m)	qaws (m)	قوس
coluna (f)	ʿamūd (m)	عمود
esquina (f)	zāwiya (f)	زاوية

montra (f)	vatrīna (f)	فترينة
letreiro (m)	lāfita (f)	لافتة
cartaz (m)	mulṣaq (m)	ملصق
cartaz (m) publicitário	mulṣaq iʿlāniy (m)	ملصق إعلاني
painel (m) publicitário	lawḥat iʿlānāt (f)	لوحة إعلانات

lixo (m)	zubāla (f)	زبالة
cesta (f) do lixo	ṣundūq zubāla (m)	صندوق زبالة
jogar lixo na rua	rama zubāla	رمى زبالة
aterro (m) sanitário	mazbala (f)	مزبلة

cabine (f) telefónica	kuʃk tilifūn (m)	كشك تليفون
candeeiro (m) de rua	ʿamūd al miṣbāḥ (m)	عمود المصباح
banco (m)	dikka (f), kursiy (m)	دكّة، كرسيّ

polícia (m)	ʃurṭiy (m)	شرطيّ
polícia (instituição)	ʃurṭa (f)	شرطة
mendigo (m)	ʃaḥḥāð (m)	شحّاذ
sem-abrigo (m)	mutaʃarrid (m)	متشرّد

29. Instituições urbanas

loja (f)	maḥall (m)	محلّ
farmácia (f)	ṣaydaliyya (f)	صيدليّة
ótica (f)	al adawāt al baṣariyya (pl)	الأدوات البصريّة
centro (m) comercial	markaz tiʒāriy (m)	مركز تجاريّ
supermercado (m)	subirmarkit (m)	سوبرماركت

padaria (f)	maxbaz (m)	مخبز
padeiro (m)	xabbāz (m)	خبّاز
pastelaria (f)	dukkān ḥalawāniy (m)	دكّان حلوانيّ
mercearia (f)	baqqāla (f)	بقّالة
talho (m)	malḥama (f)	ملحمة

| loja (f) de legumes | dukkān xuḍār (m) | دكّان خضار |
| mercado (m) | sūq (f) | سوق |

café (m)	kafé (m), maqha (m)	كافيه، مقهى
restaurante (m)	maṭʿam (m)	مطعم
cervejaria (f)	ḥāna (f)	حانة
pizzaria (f)	maṭʿam pizza (m)	مطعم بيتزا

salão (m) de cabeleireiro	ṣālūn ḥilāqa (m)	صالون حلاقة
correios (m pl)	maktab al barīd (m)	مكتب البريد
lavandaria (f)	tanzīf ʒāff (m)	تنظيف جافّ

estúdio (m) fotográfico	istūdiyu taṣwīr (m)	إستوديو تصوير
sapataria (f)	maḥall aḥðiya (m)	محلّ أحذية
livraria (f)	maḥall kutub (m)	محلّ كتب
loja (f) de artigos de desporto	maḥall riyāḍiy (m)	محلّ رياضيّ
reparação (f) de roupa	maḥall xiyāṭat malābis (m)	محلّ خياطة ملابس
aluguer (m) de roupa	maḥall ta'ʒīr malābis rasmiyya (m)	محلّ تأجير ملابس رسمية
aluguer (m) de filmes	maḥal ta'ʒīr vidiyu (m)	محلّ تأجير فيديو
circo (m)	sirk (m)	سيرك
jardim (m) zoológico	ḥadīqat al ḥayawān (f)	حديقة حيوان
cinema (m)	sinima (f)	سينما
museu (m)	matḥaf (m)	متحف
biblioteca (f)	maktaba (f)	مكتبة
teatro (m)	masraḥ (m)	مسرح
ópera (f)	ubra (f)	أوبرا
clube (m) noturno	malha layliy (m)	ملهى ليليّ
casino (m)	kazinu (m)	كازينو
mesquita (f)	masʒid (m)	مسجد
sinagoga (f)	kanīs maʿbad yahūdiy (m)	كنيس معبد يهوديّ
catedral (f)	katidrā'iyya (f)	كاتدرائيّة
templo (m)	maʿbad (m)	معبد
igreja (f)	kanīsa (f)	كنيسة
instituto (m)	kulliyya (m)	كلّيّة
universidade (f)	ʒāmiʿa (f)	جامعة
escola (f)	madrasa (f)	مدرسة
prefeitura (f)	muqāṭaʿa (f)	مقاطعة
câmara (f) municipal	baladiyya (f)	بلديّة
hotel (m)	funduq (m)	فندق
banco (m)	bank (m)	بنك
embaixada (f)	safāra (f)	سفارة
agência (f) de viagens	ʃarikat siyāḥa (f)	شركة سياحة
agência (f) de informações	maktab al istiʿlāmāt (m)	مكتب الإستعلامات
casa (f) de câmbio	ṣarrāfa (f)	صرّافة
metro (m)	mitru (m)	مترو
hospital (m)	mustaʃfa (m)	مستشفى
posto (m) de gasolina	maḥaṭṭat banzīn (f)	محطّة بنزين
parque (m) de estacionamento	mawqif as sayyārāt (m)	موقف السيّارات

30. Sinais

letreiro (m)	lāfita (f)	لافتة
inscrição (f)	bayān (m)	بيان
cartaz, póster (m)	mulṣaq i'lāniy (m)	ملصق إعلانيَ
sinal (m) informativo	'alāmat ittiȝāh (f)	علامة إتَجاه
seta (f)	'alāmat iȝāra (f)	علامة إشارة
aviso (advertência)	taḥ ðīr (m)	تحذير
sinal (m) de aviso	lāfitat taḥ ðīr (f)	لافتة تحذير
avisar, advertir (vt)	ḥaðð ar	حذَر
dia (m) de folga	yawm 'uṭla (m)	يوم عطلة
horário (m)	ȝadwal (m)	جدول
horário (m) de funcionamento	awqāt al 'amal (pl)	أوقات العمل
BEM-VINDOS!	ahlan wa sahlan!	أهلًا وسهلًا
ENTRADA	duxūl	دخول
SAÍDA	xurūȝ	خروج
EMPURRE	idfa'	إدفع
PUXE	isḥ ab	إسحب
ABERTO	maftūḥ	مفتوح
FECHADO	muɣlaq	مغلق
MULHER	lis sayyidāt	للسيدات
HOMEM	lir riȝāl	للرجال
DESCONTOS	xaṣm	خصم
SALDOS	taxfīḍāt	تخفيضات
NOVIDADE!	ȝadīd!	إجديد
GRÁTIS	maȝȝānan	مجَانًا
ATENÇÃO!	intibāh!	إنتباه
NÃO HÁ VAGAS	kull al amākin maḥȝūza	كل الأماكن محجوزة
RESERVADO	maḥȝūz	محجوز
ADMINISTRAÇÃO	idāra	إدارة
SOMENTE PESSOAL AUTORIZADO	lil 'āmilīn faqaṭ	للعاملين فقط
CUIDADO CÃO FEROZ	iḥðar wuȝūd al kalb	إحذر وجود الكلب
PROIBIDO FUMAR!	mamnū' at tadxīn	ممنوع التدخين
NÃO TOCAR	'adam al lams	عدم اللمس
PERIGOSO	xaṭīr	خطير
PERIGO	xaṭar	خطر
ALTA TENSÃO	tayyār 'āli	تيَار عالي
PROIBIDO NADAR	as sibāḥa mamnū'a	السباحة ممنوعة
AVARIADO	mu'aṭṭal	معطَل

INFLAMÁVEL	sarī' al iſti'āl	سريع الإشتعال
PROIBIDO	mamnū'	ممنوع
ENTRADA PROIBIDA	mamnū' al murūr	ممنوع المرور
CUIDADO TINTA FRESCA	iḥðar ṭilā' ɣayr ӡāff	إحذر طلاء غير جاف

31. Compras

comprar (vt)	iſtara	إشترى
compra (f)	ſay' (m)	شيء
fazer compras	iſtara	إشترى
compras (f pl)	ſubinɣ (m)	شويبنغ

| estar aberta (loja, etc.) | maftūḥ | مفتوح |
| estar fechada | muɣlaq | مغلق |

calçado (m)	aḥðiya (pl)	أحذية
roupa (f)	malābis (pl)	ملابس
cosméticos (m pl)	mawādd at taӡmīl (pl)	موادّ التجميل
alimentos (m pl)	ma'kūlāt (pl)	مأكولات
presente (m)	hadiyya (f)	هديّة

| vendedor (m) | bā'i' (m) | بائع |
| vendedora (f) | bā'i'a (f) | بائعة |

caixa (f)	ṣundū' ad daf' (m)	صندوق الدفع
espelho (m)	mir'āt (f)	مرآة
balcão (m)	minḍada (f)	منضدة
cabine (f) de provas	ɣurfat al qiyās (f)	غرفة القياس

provar (vt)	ӡarrab	جرّب
servir (vi)	nāsab	ناسب
gostar (apreciar)	a'ӡab	أعجب

preço (m)	si'r (m)	سعر
etiqueta (f) de preço	tikit as si'r (m)	تيكت السعر
custar (vt)	kallaf	كلّف
Quanto?	bikam?	بكم؟
desconto (m)	χaṣm (m)	خصم

| não caro | ɣayr ɣāli | غير غال |
| barato | raχīṣ | رخيص |

| caro | ɣāli | غال |
| É caro | haða ɣāli | هذا غال |

aluguer (m)	isti'ӡār (m)	إستئجار
alugar (vestidos, etc.)	ista'ӡar	إستأجر
crédito (m)	i'timān (m)	إئتمان
a crédito	bid dayn	بالدين

T&P BOOKS

VESTUÁRIO & ACESSÓRIOS

T&P Books Publishing

32. Roupa exterior. Casacos

roupa (f)	malābis (pl)	ملابس
roupa (f) exterior	malābis fawqāniyya (pl)	ملابس فوقانيّة
roupa (f) de inverno	malābis ʃitawiyya (pl)	ملابس شتويّة
sobretudo (m)	miʿṭaf (m)	معطف
casaco (m) de peles	miʿṭaf farw (m)	معطف فرو
casaco curto (m) de peles	ʒakīt farw (m)	جاكيت فرو
casaco (m) acolchoado	ḥaʃiyyat rīʃ (m)	حشية ريش
casaco, blusão (m)	ʒākīt (m)	جاكيت
impermeável (m)	miʿṭaf lil maṭar (m)	معطف للمطر
impermeável	ṣāmid lil māʾ	صامد للماء

33. Vestuário de homem & mulher

camisa (f)	qamīṣ (m)	قميص
calças (f pl)	banṭalūn (m)	بنطلون
calças (f pl) de ganga	ʒīnz (m)	جينز
casaco (m) de fato	sutra (f)	سترة
fato (m)	badla (f)	بدلة
vestido (ex. ~ vermelho)	fustān (m)	فستان
saia (f)	tannūra (f)	تنّورة
blusa (f)	blūza (f)	بلوزة
casaco (m) de malha	kardigān (m)	كارديجان
casaco, blazer (m)	ʒākīt (m)	جاكيت
T-shirt, camiseta (f)	ti ʃirt (m)	تي شيرت
calções (Bermudas, etc.)	ʃūrt (m)	شورت
fato (m) de treino	badlat at tadrīb (f)	بدلة التدريب
roupão (m) de banho	θawb ḥammām (m)	ثوب حمّام
pijama (m)	biʒāma (f)	بيجاما
suéter (m)	bulūvir (m)	بلوفر
pulôver (m)	bulūvir (m)	بلوفر
colete (m)	ṣudayriy (m)	صديريّ
fraque (m)	badlat sahra (f)	بدلة سهرة
smoking (m)	smūkin (m)	سموكن
uniforme (m)	zayy muwaḥḥad (m)	زي موحّد
roupa (f) de trabalho	θiyāb al ʿamal (m)	ثياب العمل

| fato-macaco (m) | uvirūl (m) | اوفرول |
| bata (~ branca, etc.) | θawb (m) | ثوب |

34. Vestuário. Roupa interior

roupa (f) interior	malābis dāχiliyya (pl)	ملابس داخليّة
cuecas boxer (f pl)	sirwāl dāχiliy riʒāliy (m)	سروال داخلي رجاليّ
cuecas (f pl)	sirwāl dāχiliy nisāʾiy (m)	سروال داخلي نسائيّ
camisola (f) interior	qamīṣ bila aqmām (m)	قميص بلا أكمام
peúgas (f pl)	ʒawārib (pl)	جوارب

camisa (f) de noite	qamīṣ nawm (m)	قميص نوم
sutiã (m)	ḥammālat ṣadr (f)	حمّالة صدر
meias longas (f pl)	ʒawārib ṭawīla (pl)	جوارب طويلة
meias-calças (f pl)	ʒawārib kulūn (pl)	جوارب كولون
meias (f pl)	ʒawārib nisāʾiyya (pl)	جوارب نسائية
fato (m) de banho	libās sibāḥa (m)	لباس سباحة

35. Adereços de cabeça

chapéu (m)	qubbaʿa (f)	قبّعة
chapéu (m) de feltro	burnayṭa (f)	برنيطة
boné (m) de beisebol	kāb baysbūl (m)	كاب بيسبول
boné (m)	qubbaʿa musaṭṭaḥa (f)	قبّعة مسطحة

boina (f)	birīh (m)	بيريه
capuz (m)	ɣiṭāʾ (m)	غطاء
panamá (m)	qubbaʿat banāma (f)	قبّعة بناما
gorro (m) de malha	qubbāʿa maḥbūka (m)	قبّعة محبوكة

| lenço (m) | ʔʒārb (m) | إيشارب |
| chapéu (m) de mulher | burnayṭa (f) | برنيطة |

capacete (m) de proteção	χūða (f)	خوذة
bivaque (m)	kāb (m)	كاب
capacete (m)	χūða (f)	خوذة

| chapéu (m) de coco | qubbaʿat dirbi (f) | قبّعة ديربي |
| chapéu (m) alto | qubbaʿa ʿāliya (f) | قبّعة عالية |

36. Calçado

calçado (m)	aḥðiya (pl)	أحذية
botinas (f pl)	ʒazma (f)	جزمة
sapatos	ʒazma (f)	جزمة
(de salto alto, etc.)

botas (f pl)	būt (m)	بوت
pantufas (f pl)	ʃibʃib (m)	شبشب
ténis (m pl)	ḥiðā' riyāḍiy (m)	حذاء رياضيّ
sapatilhas (f pl)	kutʃi (m)	كوتشي
sandálias (f pl)	ṣandal (pl)	صندل
sapateiro (m)	iskāfiy (m)	إسكافيّ
salto (m)	ka'b (m)	كعب
par (m)	zawȝ (m)	زوج
atacador (m)	ʃarīṭ (m)	شريط
apertar os atacadores	rabaṭ	ربط
calçadeira (f)	labbāsat ḥiðā' (f)	لبّاسة حذاء
graxa (f) para calçado	warnīʃ al ḥiðā' (m)	ورنيش الحذاء

37. Acessórios pessoais

luvas (f pl)	quffāz (m)	قفاز
mitenes (f pl)	quffāz muɣlaq (m)	قفاز مغلق
cachecol (m)	'īʃārb (m)	إيشارب
óculos (m pl)	naẓẓāra (f)	نظّارة
armação (f) de óculos	iṭār (m)	إطار
guarda-chuva (m)	ʃamsiyya (f)	شمسيّة
bengala (f)	'aṣa (f)	عصا
escova (f) para o cabelo	furʃat ʃa'r (f)	فرشة شعر
leque (m)	mirwaḥa yadawiyya (f)	مروحة يدويّة
gravata (f)	karavatta (f)	كرافتة
gravata-borboleta (f)	babyūn (m)	بيبون
suspensórios (m pl)	ḥammāla (f)	حمّالة
lenço (m)	mandīl (m)	منديل
pente (m)	miʃṭ (m)	مشط
travessão (m)	dabbūs (m)	دبّوس
gancho (m) de cabelo	bansa (m)	بنسة
fivela (f)	bukla (f)	بكلة
cinto (m)	ḥizām (m)	حزام
correia (f)	ḥammalat al katf (f)	حمّالة الكتف
bolsa (f)	ʃanṭa (f)	شنطة
bolsa (f) de senhora	ʃanṭat yad (f)	شنطة يد
mochila (f)	ḥaqībat ẓahr (f)	حقيبة ظهر

38. Vestuário. Diversos

moda (f)	mūḍa (f)	موضة
na moda	fil mūḍa	في الموضة

estilista (m)	muṣammim azyā' (m)	مصمّم أزياء
colarinho (m), gola (f)	yāqa (f)	ياقة
bolso (m)	ӡayb (m)	جيب
de bolso	ӡayb	جيب
manga (f)	kumm (m)	كمّ
presilha (f)	'allāqa (f)	علّاقة
braguilha (f)	lisān (m)	لسان

fecho (m) de correr	zimām munzaliq (m)	زمام منزلق
fecho (m), colchete (m)	miʃbak (m)	مشبك
botão (m)	zirr (m)	زرّ
casa (f) de botão	'urwa (f)	عروة
saltar (vi) (botão, etc.)	waqa'	وقع

coser, costurar (vi)	χāṭ	خاط
bordar (vt)	ṭarraz	طرّز
bordado (m)	taṭrīz (m)	تطريز
agulha (f)	ibra (f)	إبرة
fio (m)	χayṭ (m)	خيط
costura (f)	darz (m)	درز

sujar-se (vp)	tawassaχ	توسّخ
mancha (f)	buq'a (f)	بقعة
engelhar-se (vp)	takarmaʃ	تكرمش
rasgar (vt)	qaṭṭa'	قطّع
traça (f)	'uθθa (f)	عثّة

39. Cuidados pessoais. Cosméticos

pasta (f) de dentes	ma'ӡūn asnān (m)	معجون أسنان
escova (f) de dentes	furʃat asnān (f)	فرشة أسنان
escovar os dentes	nazẓaf al asnān	نظّف الأسنان

máquina (f) de barbear	mūs ḥilāqa (m)	موس حلاقة
creme (m) de barbear	krīm ḥilāqa (m)	كريم حلاقة
barbear-se (vp)	ḥalaq	حلق

| sabonete (m) | ṣābūn (m) | صابون |
| champô (m) | ʃāmbū (m) | شامبو |

tesoura (f)	maqaṣṣ (m)	مقصّ
lima (f) de unhas	mibrad (m)	مبرد
corta-unhas (m)	milqaṭ (m)	ملقط
pinça (f)	milqaṭ (m)	ملقط

cosméticos (m pl)	mawādd at taӡmīl (pl)	موادّ التجميل
máscara (f) facial	mask (m)	ماسك
manicura (f)	manikūr (m)	مانيكور
fazer a manicura	'amal manikūr	عمل مانيكور
pedicure (f)	badikīr (m)	باديكير

bolsa (f) de maquilhagem	ḥaqībat adawāt at taʒmīl (f)	حقيبة أدوات التجميل
pó (m)	budrat waʒh (f)	بودرة وجه
caixa (f) de pó	ʿulbat būdra (f)	علبة بودرة
blush (m)	aḥmar χudūd (m)	أحمر خدود

perfume (m)	ʿiṭr (m)	عطر
água (f) de toilette	kulūnya (f)	كولونيا
loção (m)	lusiyun (m)	لوسيون
água-de-colónia (f)	kulūniya (f)	كولونيا

sombra (f) de olhos	ay ʃaduw (m)	اي شادو
lápis (m) delineador	kuḥl al ʿuyūn (m)	كحل العيون
máscara (f), rímel (m)	maskara (f)	ماسكارا

batom (m)	aḥmar ʃifāh (m)	أحمر شفاه
verniz (m) de unhas	mulammiʿ al azāfir (m)	ملمّع الاظافر
laca (f) para cabelos	muθabbit aʃ ʃaʿr (m)	مثبّت الشعر
desodorizante (m)	muzīl rawāʾiḥ (m)	مزيل روائح

creme (m)	krīm (m)	كريم
creme (m) de rosto	krīm lil waʒh (m)	كريم للوجه
creme (m) de mãos	krīm lil yadayn (m)	كريم لليدين
creme (m) antirrugas	krīm muḍādd lit taʒāʿīd (m)	كريم مضادّ للتجاعيد
creme (m) de dia	krīm an nahār (m)	كريم النهار
creme (m) de noite	krīm al layl (m)	كريم الليل
de dia	nahāriy	نهاريّ
da noite	layliy	ليلي

tampão (m)	tambūn (m)	تانبون
papel (m) higiénico	waraq ḥammām (m)	ورق حمّام
secador (m) elétrico	muʒaffif ʃaʿr (m)	مجفّف شعر

40. Relógios de pulso. Relógios

relógio (m) de pulso	sāʿa (f)	ساعة
mostrador (m)	waʒh as sāʿa (m)	وجه الساعة
ponteiro (m)	ʿaqrab as sāʿa (m)	عقرب الساعة
bracelete (f) em aço	siwār sāʿa maʿdaniyya (m)	سوار ساعة معدنية
bracelete (f) em pele	siwār sāʿa (m)	سوار ساعة

pilha (f)	baṭṭāriyya (f)	بطّاريّة
descarregar-se	tafarraɣ	تفرّغ
trocar a pilha	ɣayyar al baṭṭāriyya	غيّر البطّاريّة
estar adiantado	sabaq	سبق
estar atrasado	taʾaχχar	تأخّر

relógio (m) de parede	sāʿat ḥāʾiṭ (f)	ساعة حائط
ampulheta (f)	sāʿa ramliyya (f)	ساعة رمليّة
relógio (m) de sol	sāʿa ʃamsiyya (f)	ساعة شمسيّة
despertador (m)	munabbih (m)	منبّه

| relojoeiro (m) | sa'ātiy (m) | ساعاتيَّ |
| reparar (vt) | aṣlaḥ | أصلح |

EXPERIÊNCIA
DO QUOTIDIANO

T&P Books Publishing

dinheiro (m)	nuqūd (pl)	نقود
câmbio (m)	taḥwīl ʿumla (m)	تحويل عملة
taxa (f) de câmbio	siʿr aṣ ṣarf (m)	سعر الصرف
Caixa Multibanco (m)	ṣarrāf ʾāliy (m)	صرّاف آليّ
moeda (f)	qiṭʿa naqdiyya (f)	قطعة نقديّة

| dólar (m) | dulār (m) | دولار |
| euro (m) | yuru (m) | يورو |

lira (f)	lira iṭāliyya (f)	ليرة إيطالية
marco (m)	mark almāniy (m)	مارك ألماني
franco (m)	frank (m)	فرنك
libra (f) esterlina	ʒunayh istirlīniy (m)	جنيه استرلينيّ
iene (m)	yīn (m)	ين

dívida (f)	dayn (m)	دين
devedor (m)	mudīn (m)	مدين
emprestar (vt)	sallaf	سلّف
pedir emprestado	istalaf	إستلف

banco (m)	bank (m)	بنك
conta (f)	ḥisāb (m)	حساب
depositar (vt)	awdaʿ	أودع
depositar na conta	awdaʿ fil ḥisāb	أودع في الحساب
levantar (vt)	saḥab min al ḥisāb	سحب من الحساب

cartão (m) de crédito	biṭāqat iʾtimān (f)	بطاقة إئتمان
dinheiro (m) vivo	nuqūd (pl)	نقود
cheque (m)	ʃīk (m)	شيك
passar um cheque	katab ʃīk	كتب شيكًا
livro (m) de cheques	daftar ʃīkāt (m)	دفتر شيكات

carteira (f)	maḥfaẓat ʒīb (f)	محفظة جيب
porta-moedas (m)	maḥfaẓat fakka (f)	محفظة فكّة
cofre (m)	χizāna (f)	خزانة

herdeiro (m)	wāris (m)	وارث
herança (f)	wirāθa (f)	وراثة
fortuna (riqueza)	θarwa (f)	ثروة

arrendamento (m)	ʾīʒār (m)	إيجار
renda (f) de casa	uʒrat as sakan (f)	أجرة السكن
alugar (vt)	istaʾʒar	إستأجر
preço (m)	siʿr (m)	سعر

custo (m)	θaman (m)	ثمن
soma (f)	mablaɣ (m)	مبلغ
gastar (vt)	ṣaraf	صرف
gastos (m pl)	maṣārīf (pl)	مصاريف
economizar (vi)	waffar	وفّر
económico	muwaffir	موفّر
pagar (vt)	dafaʻ	دفع
pagamento (m)	dafʻ (m)	دفع
troco (m)	al bāqi (m)	الباقي
imposto (m)	ḍarība (f)	ضريبة
multa (f)	ɣarāma (f)	غرامة
multar (vt)	faraḍ ɣarāma	فرض غرامة

42. Correios. Serviço postal

correios (m pl)	maktab al barīd (m)	مكتب البريد
correio (m)	al barīd (m)	البريد
carteiro (m)	sāʻi al barīd (m)	ساعي البريد
horário (m)	awqāt al ʻamal (pl)	أوقات العمل
carta (f)	risāla (f)	رسالة
carta (f) registada	risāla musaʒʒala (f)	رسالة مسجّلة
postal (m)	biṭāqa barīdiyya (f)	بطاقة بريديّة
telegrama (m)	barqiyya (f)	برقيّة
encomenda (f) postal	ṭard (m)	طرد
remessa (f) de dinheiro	ḥawāla māliyya (f)	حوالة ماليّة
receber (vt)	istalam	إستلم
enviar (vt)	arsal	أرسل
envio (m)	irsāl (m)	إرسال
endereço (m)	ʻunwān (m)	عنوان
código (m) postal	raqm al barīd (m)	رقم البريد
remetente (m)	mursil (m)	مرسل
destinatário (m)	mursal ilayh (m)	مرسل إليه
nome (m)	ism (m)	إسم
apelido (m)	ism al ʻāʼila (m)	إسم العائلة
tarifa (f)	taʻrīfa (f)	تعريفة
normal	ʻādiy	عاديّ
económico	muwaffir	موفّر
peso (m)	wazn (m)	وزن
pesar (estabelecer o peso)	wazan	وزن
envelope (m)	ẓarf (m)	ظرف
selo (m)	ṭābiʻ (m)	طابع
colar o selo	alṣaq ṭābiʻ	ألصق طابعا

43. Banca

banco (m)	bank (m)	بنك
sucursal, balcão (f)	farʿ (m)	فرع
consultor (m)	muwaẓẓaf bank (m)	موظف بنك
gerente (m)	mudīr (m)	مدير
conta (f)	ḥisāb (m)	حساب
número (m) da conta	raqm al ḥisāb (m)	رقم الحساب
conta (f) corrente	ḥisāb ȝāri (m)	حساب جار
conta (f) poupança	ḥisāb tawfīr (m)	حساب توفير
abrir uma conta	fataḥ ḥisāb	فتح حسابا
fechar uma conta	aɣlaq ḥisāb	أغلق حسابا
depositar na conta	awdaʿ fil ḥisāb	أودع في الحساب
levantar (vt)	saḥab min al ḥisāb	سحب من الحساب
depósito (m)	wadīʿa (f)	وديعة
fazer um depósito	awdaʿ	أودع
transferência (f) bancária	ḥawāla (f)	حوالة
transferir (vt)	ḥawwal	حوّل
soma (f)	mablaɣ (m)	مبلغ
Quanto?	kam?	كم؟
assinatura (f)	tawqīʿ (m)	توقيع
assinar (vt)	waqqaʿ	وقّع
cartão (m) de crédito	biṭāqat iʾtimān (f)	بطاقة ائتمان
código (m)	kūd (m)	كود
número (m) do cartão de crédito	raqm biṭāqat iʾtimān (m)	رقم بطاقة إئتمان
Caixa Multibanco (m)	ṣarrāf ʾāliy (m)	صرّاف آليّ
cheque (m)	ʃīk (m)	شيك
passar um cheque	katab ʃīk	كتب شيكًا
livro (m) de cheques	daftar ʃīkāt (m)	دفتر شيكات
empréstimo (m)	qarḍ (m)	قرض
pedir um empréstimo	qaddam ṭalab lil ḥuṣūl ʿala qarḍ	قدّم طلبا للحصول على قرض
obter um empréstimo	ḥaṣal ʿala qarḍ	حصل على قرض
conceder um empréstimo	qaddam qarḍ	قدّم قرضا
garantia (f)	ḍamān (m)	ضمان

44. Telefone. Conversação telefónica

telefone (m)	hātif (m)	هاتف
telemóvel (m)	hātif maḥmūl (m)	هاتف محمول

atendedor (m) de chamadas	muʒīb al hātif (m)	مجيب الهاتف
fazer uma chamada	ittaṣal	إتّصل
chamada (f)	mukālama tilifuniyya (f)	مكالمة تليفونية
marcar um número	ittaṣal bi raqm	إتّصل برقم
Alô!	alu!	!ألو
perguntar (vt)	sa'al	سأل
responder (vt)	radd	ردّ
ouvir (vt)	sami'	سمع
bem	ʒayyidan	جيّدًا
mal	sayyi'an	سيّئًا
ruído (m)	taʃwīʃ (m)	تشويش
auscultador (m)	sammā'a (f)	سمّاعة
pegar o telefone	rafa' as sammā'a	رفع السمّاعة
desligar (vi)	qafal as sammā'a	قفل السمّاعة
ocupado	maʃɣūl	مشغول
tocar (vi)	rann	رنّ
lista (f) telefónica	dalīl at tilifūn (m)	دليل التليفون
local	maḥalliyya	ة محلّية
chamada (f) local	mukālama hātifiyya maḥalliyya (f)	مكالمة هاتفيّة محلّية
para outra cidade	ba'īd al mada	بعيد المدى
chamada (f) para outra cidade	mukālama ba'īdat al mada (f)	مكالمة بعيدة المدى
internacional	duwaliy	دولي
chamada (f) internacional	mukālama duwaliyya (f)	مكالمة دوليّة

45. Telefone móvel

telemóvel (m)	hātif maḥmūl (m)	هاتف محمول
ecrã (m)	ʒihāz 'arḍ (m)	جهاز عرض
botão (m)	zirr (m)	زرّ
cartão SIM (m)	sim kart (m)	سيم كارت
bateria (f)	baṭṭāriyya (f)	بطّاريّة
descarregar-se	χalaṣat	خلصت
carregador (m)	ʃāḥin (m)	شاحن
menu (m)	qā'ima (f)	قائمة
definições (f pl)	awḍā' (pl)	أوضاع
melodia (f)	naɣma (f)	نغمة
escolher (vt)	iχtār	إختار
calculadora (f)	'āla ḥāsiba (f)	آلة حاسبة
atendedor (m) de chamadas	barīd ṣawtiy (m)	بريد صوتي

| despertador (m) | munabbih (m) | منبّه |
| contatos (m pl) | ʒihāt al ittiṣāl (pl) | جهات الإتّصال |

| mensagem (f) de texto | risāla qaṣīra ɛsɛmɛs (f) | رسالة قصيرة sms |
| assinante (m) | muʃtarik (m) | مشترك |

46. Estacionário

| caneta (f) | qalam ʒāf (m) | قلم جاف |
| caneta (f) tinteiro | qalam rīʃa (m) | قلم ريشة |

lápis (m)	qalam ruṣāṣ (m)	قلم رصاص
marcador (m)	markir (m)	ماركر
caneta (f) de feltro	qalam xaṭṭāṭ (m)	قلم خطّاط

| bloco (m) de notas | muðakkira (f) | مذكّرة |
| agenda (f) | ʒadwal al aʿmāl (m) | جدول الأعمال |

régua (f)	masṭara (f)	مسطرة
calculadora (f)	ʾāla ḥāsiba (f)	آلة حاسبة
borracha (f)	astīka (f)	استيكة
pionés (m)	dabbūs (m)	دبّوس
clipe (m)	dabbūs waraq (m)	دبّوس ورق

cola (f)	ṣamy (m)	صمغ
agrafador (m)	dabbāsa (f)	دبّاسة
furador (m)	xarrāma (m)	خرّامة
afia-lápis (m)	mibrāt (f)	مبراة

47. Línguas estrangeiras

língua (f)	luya (f)	لغة
estrangeiro	aʒnabiy	أجنبيّ
língua (f) estrangeira	luya aʒnabiyya (f)	لغة أجنبيّة
estudar (vt)	daras	درس
aprender (vt)	taʿallam	تعلّم

ler (vt)	qaraʾ	قرأ
falar (vi)	takallam	تكلّم
compreender (vt)	fahim	فهم
escrever (vt)	katab	كتب

rapidamente	bi surʿa	بسرعة
devagar	bi buṭʾ	ببطء
fluentemente	bi ṭalāqa	بطلاقة

| regras (f pl) | qawāʾid (pl) | قواعد |
| gramática (f) | an naḥw waṣ ṣarf (m) | النحو والصرف |

léxico (m)	mufradāt al luɣa (pl)	مفردات اللغة
fonética (f)	ṣawtīyyāt (pl)	صوتيّات
manual (m) escolar	kitāb taʿlīm (m)	كتاب تعليم
dicionário (m)	qāmūs (m)	قاموس
manual (m) de autoaprendizagem	kitāb taʿlīm ðātiy (m)	كتاب تعليم ذاتيَ
guia (m) de conversação	kitāb lil ʿibārāt aʃʃāʾiʿa (m)	كتاب للعبارت الشائعة
cassete (f)	ʃarīṭ (m)	شريط
cassete (f) de vídeo	ʃarīʾṭ vidiyu (m)	شريط فيديو
CD (m)	si di (m)	سي دي
DVD (m)	di vi di (m)	دي في دي
alfabeto (m)	alifbāʾ (m)	الفباء
soletrar (vt)	tahaʒʒa	تهجَى
pronúncia (f)	nuṭq (m)	نطق
sotaque (m)	lukna (f)	لكنة
com sotaque	bi lukna	بلكنة
sem sotaque	bi dūn lukna	بدون لكنة
palavra (f)	kalima (f)	كلمة
sentido (m)	maʿna (m)	معنى
cursos (m pl)	dawra (f)	دورة
inscrever-se (vp)	saʒʒal ismahu	سجِّل إسمه
professor (m)	mudarris (m)	مدرس
tradução (processo)	tarʒama (f)	ترجمة
tradução (texto)	tarʒama (f)	ترجمة
tradutor (m)	mutarʒim (m)	مترجم
intérprete (m)	mutarʒim fawriy (m)	مترجم فوريَ
poliglota (m)	ʿalīm bi ʿiddat luɣāt (m)	عليم بعدّة لغات
memória (f)	ðākira (f)	ذاكرة

REFEIÇÕES.
RESTAURANTE

48. Por a mesa

colher (f)	mil'aqa (f)	ملعقة
faca (f)	sikkīn (m)	سكّين
garfo (m)	ʃawka (f)	شوكة
chávena (f)	finȝān (m)	فنجان
prato (m)	ṭabaq (m)	طبق
pires (m)	ṭabaq finȝān (m)	طبق فنجان
guardanapo (m)	mandīl (m)	منديل
palito (m)	χallat asnān (f)	خلّة أسنان

49. Restaurante

restaurante (m)	maṭ'am (m)	مطعم
café (m)	kafé (m), maqha (m)	كافيه، مقهى
bar (m)	bār (m)	بار
salão (m) de chá	ṣālun ʃāy (m)	صالون شاي
empregado (m) de mesa	nādil (m)	نادل
empregada (f) de mesa	nādila (f)	نادلة
barman (m)	bārman (m)	بارمان
ementa (f)	qā'imat aṭ ṭa'ām (f)	قائمة طعام
lista (f) de vinhos	qā'imat al χumūr (f)	قائمة خمور
reservar uma mesa	haȝaz mā'ida	حجز مائدة
prato (m)	waȝba (f)	وجبة
pedir (vt)	ṭalab	طلب
fazer o pedido	ṭalab	طلب
aperitivo (m)	ʃarāb (m)	شراب
entrada (f)	muqabbilāt (pl)	مقبّلات
sobremesa (f)	halawiyyāt (pl)	حلويّات
conta (f)	hisāb (m)	حساب
pagar a conta	dafa' al hisāb	دفع الحساب
dar o troco	a'ṭa al bāqi	أعطى الباقي
gorjeta (f)	baqʃīʃ (m)	بقشيش

50. Refeições

comida (f)	akl (m)	أكل
comer (vt)	akal	أكل

pequeno-almoço (m)	fuṭūr (m)	فطور
tomar o pequeno-almoço	afṭar	أفطر
almoço (m)	ɣadā' (m)	غداء
almoçar (vi)	taɣadda	تغدّى
jantar (m)	'aʃā' (m)	عشاء
jantar (vi)	ta'aʃʃa	تعشّى

apetite (m)	ʃahiyya (f)	شهيّة
Bom apetite!	hanī'an marī'an!	!هنيئًا مريئًا

abrir (~ uma lata, etc.)	fataḥ	فتح
derramar (vt)	dalaq	دلق
derramar-se (vp)	indalaq	إندلق

estar a ferver (água)	ɣala	غلى
ferver (vt)	ɣala	غلى
fervido	maɣliy	مغليّ
arrefecer (vt)	barrad	برّد
arrefecer-se (vp)	tabarrad	تبرّد

sabor, gosto (m)	ṭa'm (m)	طعم
gostinho (m)	al maðāq al 'āliq fil fam (m)	المذاق العالق فى الفم

fazer dieta	faqad al wazn	فقد الوزن
dieta (f)	ḥimya ɣaðā'iyya (f)	حمية غذائية
vitamina (f)	vitamīn (m)	فيتامين
caloria (f)	su'ra ḥarāriyya (f)	سعرة حراريّة
vegetariano (m)	nabātiy (m)	نباتيّ
vegetariano	nabātiy	نباتيّ

gorduras (f pl)	duhūn (pl)	دهون
proteínas (f pl)	brutināt (pl)	بروتينات
hidratos (m pl) de carbono	naʃawiyyāt (pl)	نشويّات
fatia (~ de limão, etc.)	ʃarīḥa (f)	شريحة
pedaço (~ de bolo)	qiṭ'a (f)	قطعة
migalha (f)	futāta (f)	فتاتة

51. Pratos cozinhados

prato (m)	waʒba (f)	وجبة
cozinha (~ portuguesa)	matbax (m)	مطبخ
receita (f)	waṣfa (f)	وصفة
porção (f)	waʒba (f)	وجبة

salada (f)	sulṭa (f)	سلطة
sopa (f)	ʃūrba (f)	شورية

caldo (m)	maraq (m)	مرق
sandes (f)	sandawitʃ (m)	ساندويتش
ovos (m pl) estrelados	bayḍ maqliy (m)	بيض مقليّ

| hambúrguer (m) | hamburger (m) | هامبورجر |
| bife (m) | biftīk (m) | بفتيك |

conduto (m)	ṭabaq ʒānibiy (m)	طبق جانبيّ
espaguete (m)	spayitti (m)	سباغيتي
puré (m) de batata	harīs baṭāṭis (m)	هريس بطاطس
pizza (f)	bītza (f)	بيتزا
papa (f)	ʿaṣīda (f)	عصيدة
omelete (f)	bayḍ maxfūq (m)	بيض مخفوق

cozido em água	maslūq	مسلوق
fumado	mudaxxin	مدخّن
frito	maqliy	مقليّ
seco	muʒaffaf	مجفّف
congelado	muʒammad	مجمّد
em vinagre	muxallil	مخلّل

doce (açucarado)	musakkar	مسكّر
salgado	māliḥ	مالح
frio	bārid	بارد
quente	sāxin	ساخن
amargo	murr	مرّ
gostoso	laðīð	لذيذ

cozinhar (em água a ferver)	ṭabax	طبخ
fazer, preparar (vt)	ḥaḍḍar	حضّر
fritar (vt)	qala	قلى
aquecer (vt)	saxxan	سخّن

salgar (vt)	mallaḥ	ملّح
apimentar (vt)	falfal	فلفل
ralar (vt)	baʃar	بشر
casca (f)	qiʃra (f)	قشرة
descascar (vt)	qaʃʃar	قشّر

52. Comida

carne (f)	laḥm (m)	لحم
galinha (f)	daʒāʒ (m)	دجاج
frango (m)	farrūʒ (m)	فرّوج
pato (m)	baṭṭa (f)	بطّة
ganso (m)	iwazza (f)	إوزّة
caça (f)	ṣayd (m)	صيد
peru (m)	daʒāʒ rūmiy (m)	دجاج رومي

carne (f) de porco	laḥm al xinzīr (m)	لحم الخنزير
carne (f) de vitela	laḥm il ʿiʒl (m)	لحم العجل
carne (f) de carneiro	laḥm aḍ ḍaʾn (m)	لحم الضأن
carne (f) de vaca	laḥm al baqar (m)	لحم البقر

carne (f) de coelho	arnab (m)	أرنب
chouriço (m)	suʒuq (m)	سجق
salsicha (f)	suʒuq (m)	سجق
bacon (m)	bikūn (m)	بيكون
fiambre (f)	hām (m)	هام
presunto (m)	faχð χinzīr (m)	فخذ خنزير
patê (m)	maʿʒūn laḥm (m)	معجون لحم
iscas (f pl)	kibda (f)	كبدة
carne (f) moída	ḥaʃwa (f)	حشوة
língua (f)	lisān (m)	لسان
ovo (m)	bayḍa (f)	بيضة
ovos (m pl)	bayḍ (m)	بيض
clara (f) do ovo	bayāḍ al bayḍ (m)	بياض البيض
gema (f) do ovo	ṣafār al bayḍ (m)	صفار البيض
peixe (m)	samak (m)	سمك
marisco (m)	fawākih al baḥr (pl)	فواكه البحر
caviar (m)	kaviyār (m)	كافيار
caranguejo (m)	salṭaʿūn (m)	سلطعون
camarão (m)	ʒambari (m)	جمبري
ostra (f)	maḥār (m)	محار
lagosta (f)	karkand ʃāik (m)	كركند شائك
polvo (m)	uχṭubūṭ (m)	أخطبوط
lula (f)	kalmāri (m)	كالماري
esturjão (m)	samak al ḥaffʃ (m)	سمك الحفش
salmão (m)	salmūn (m)	سلمون
halibute (m)	samak al halbūt (m)	سمك الهلبوت
bacalhau (m)	samak al qudd (m)	سمك القدّ
cavala (m), sarda (f)	usqumriy (m)	أسقمريّ
atum (m)	tūna (f)	تونة
enguia (f)	ḥankalīs (m)	حنكليس
truta (f)	salmūn muraqqaṭ (m)	سلمون مرقّط
sardinha (f)	sardīn (m)	سردين
lúcio (m)	samak al karāki (m)	سمك الكراكي
arenque (m)	rinʒa (f)	رنجة
pão (m)	χubz (m)	خبز
queijo (m)	ʒubna (f)	جبنة
açúcar (m)	sukkar (m)	سكّر
sal (m)	milḥ (m)	ملح
arroz (m)	urz (m)	أرز
massas (f pl)	makarūna (f)	مكرونة
talharim (m)	nūdlis (f)	نودلز
manteiga (f)	zubda (f)	زبدة
óleo (m)	zayt (m)	زيت

| óleo (m) de girassol | zayt 'abīd aʃ ʃams (m) | زيت عبيد الشمس |
| margarina (f) | marɣarīn (m) | مرغرين |

| azeitonas (f pl) | zaytūn (m) | زيتون |
| azeite (m) | zayt az zaytūn (m) | زيت الزيتون |

leite (m)	ḥalīb (m)	حليب
leite (m) condensado	ḥalīb mukaθθaf (m)	حليب مكثف
iogurte (m)	yūɣurt (m)	يوغورت
creme (m) azedo	krīma ḥāmiḍa (f)	كريمة حامضة
nata (f) do leite	krīma (f)	كريمة

| maionese (f) | mayunīz (m) | مايونيز |
| creme (m) | krīmat zubda (f) | كريمة زبدة |

grãos (m pl) de cereais	ḥubūb (pl)	حبوب
farinha (f)	daqīq (m)	دقيق
conservas (f pl)	mu'allabāt (pl)	معلبات

flocos (m pl) de milho	kurn fliks (m)	كورن فليكس
mel (m)	'asal (m)	عسل
doce (m)	murabba (m)	مربى
pastilha (f) elástica	'ilk (m)	علك

53. Bebidas

água (f)	mā' (m)	ماء
água (f) potável	mā' ʃurb (m)	ماء شرب
água (f) mineral	mā' ma'daniy (m)	ماء معدني

sem gás	bi dūn ɣāz	بدون غاز
gaseificada	mukarban	مكربن
com gás	bil ɣāz	بالغاز
gelo (m)	θalʒ (m)	ثلج
com gelo	biθ θalʒ	بالثلج

sem álcool	bi dūn kuḥūl	بدون كحول
bebida (f) sem álcool	maʃrūb ɣāziy (m)	مشروب غازي
refresco (m)	maʃrūb muθallaʒ (m)	مشروب مثلج
limonada (f)	ʃarāb laymūn (m)	شراب ليمون

bebidas (f pl) alcoólicas	maʃrūbāt kuḥūliyya (pl)	مشروبات كحولية
vinho (m)	nabīð (m)	نبيذ
vinho (m) branco	nibīð abyaḍ (m)	نبيذ أبيض
vinho (m) tinto	nabīð aḥmar (m)	نبيذ أحمر

licor (m)	liqiūr (m)	ليكيور
champanhe (m)	ʃambāniya (f)	شمبانيا
vermute (m)	virmut (m)	فيرموث
uísque (m)	wiski (m)	وسكي

vodka (f)	vudka (f)	فودكا
gim (m)	ʒīn (m)	جين
conhaque (m)	kunyāk (m)	كونياك
rum (m)	rum (m)	رم
café (m)	qahwa (f)	قهوة
café (m) puro	qahwa sāda (f)	قهوة سادة
café (m) com leite	qahwa bil ḥalīb (f)	قهوة بالحليب
cappuccino (m)	kaputʃīnu (m)	كابتشينو
café (m) solúvel	niskafi (m)	نيسكافيه
leite (m)	ḥalīb (m)	حليب
coquetel (m)	kuktayl (m)	كوكتيل
batido (m) de leite	milk ʃiyk (m)	ميلك شيك
sumo (m)	'aṣīr (m)	عصير
sumo (m) de tomate	'aṣīr ṭamāṭim (m)	عصير طماطم
sumo (m) de laranja	'aṣīr burtuqāl (m)	عصير برتقال
sumo (m) fresco	'aṣīr ṭāziʒ (m)	عصير طازج
cerveja (f)	bīra (f)	بيرة
cerveja (f) clara	bīra ҳafīfa (f)	بيرة خفيفة
cerveja (m) preta	bīra ɣāmiqa (f)	بيرة غامقة
chá (m)	ʃāy (m)	شاي
chá (m) preto	ʃāy aswad (m)	شاي أسود
chá (m) verde	ʃāy aҳḍar (m)	شاي أخضر

54. Vegetais

legumes (m pl)	ҳuḍār (pl)	خضار
verduras (f pl)	ҳuḍrawāt waraqiyya (pl)	خضروات ورقيّة
tomate (m)	ṭamāṭim (f)	طماطم
pepino (m)	ҳiyār (m)	خيار
cenoura (f)	ʒazar (m)	جزر
batata (f)	baṭāṭis (f)	بطاطس
cebola (f)	baṣal (m)	بصل
alho (m)	θūm (m)	ثوم
couve (f)	kurumb (m)	كرنب
couve-flor (f)	qarnabīṭ (m)	قرنبيط
couve-de-bruxelas (f)	kurumb brūksil (m)	كرنب بروكسل
brócolos (m pl)	brukuli (m)	بركولي
beterraba (f)	banʒar (m)	بنجر
beringela (f)	bātinʒān (m)	باذنجان
curgete (f)	kūsa (f)	كوسة
abóbora (f)	qar' (m)	قرع
nabo (m)	lift (m)	لفت

salsa (f)	baqdūnis (m)	بقدونس
funcho, endro (m)	ʃabat (m)	شبت
alface (f)	χass (m)	خسّ
aipo (m)	karafs (m)	كرفس
espargo (m)	halyūn (m)	هليون
espinafre (m)	sabāniχ (m)	سبانخ
ervilha (f)	bisilla (f)	بسلّة
fava (f)	fūl (m)	فول
milho (m)	ðura (f)	ذرّة
feijão (m)	faṣūliya (f)	فاصوليا
pimentão (m)	filfil (m)	فلفل
rabanete (m)	fiʒl (m)	فجل
alcachofra (f)	χurʃūf (m)	خرشوف

55. Frutos. Nozes

fruta (f)	fākiha (f)	فاكهة
maçã (f)	tuffāḥa (f)	تفّاحة
pera (f)	kummaθra (f)	كمّثرى
limão (m)	laymūn (m)	ليمون
laranja (f)	burtuqāl (m)	برتقال
morango (m)	farawla (f)	فراولة
tangerina (f)	yūsufiy (m)	يوسفي
ameixa (f)	barqūq (m)	برقوق
pêssego (m)	durrāq (m)	دراق
damasco (m)	miʃmiʃ (f)	مشمش
framboesa (f)	tūt al ʿullayq al aḥmar (m)	توت العلّيق الأحمر
ananás (m)	ananās (m)	أناناس
banana (f)	mawz (m)	موز
melancia (f)	baṭṭīχ aḥmar (m)	بطّيخ أحمر
uva (f)	ʿinab (m)	عنب
ginja, cereja (f)	karaz (m)	كرز
meloa (f)	baṭṭīχ aṣfar (f)	بطّيخ أصفر
toranja (f)	zinbāʿ (m)	زنباع
abacate (m)	avukādu (f)	افوكاتو
papaia (f)	babāya (m)	بابايا
manga (f)	mangu (m)	مانجو
romã (f)	rummān (m)	رمان
groselha (f) vermelha	kiʃmiʃ aḥmar (m)	كشمش أحمر
groselha (f) preta	ʿinab aθ θaʿlab al aswad (m)	عنب الثعلب الأسود
groselha (f) espinhosa	ʿinab aθ θaʿlab (m)	عنب الثعلب
mirtilo (m)	ʿinab al aḥrāʒ (m)	عنب الأحراج
amora silvestre (f)	θamar al ʿullayk (m)	ثمر العلّيق

uvas (f pl) passas	zabīb (m)	زبيب
figo (m)	tīn (m)	تين
tâmara (f)	tamr (m)	تمر
amendoim (m)	fūl sudāniy (m)	فول سودانيّ
amêndoa (f)	lawz (m)	لوز
noz (f)	'ayn al ʒamal (f)	عين الجمل
avelã (f)	bunduq (m)	بندق
coco (m)	ʒawz al hind (m)	جوز هند
pistáchios (m pl)	fustuq (m)	فستق

56. Pão. Bolaria

pastelaria (f)	ḥalawiyyāt (pl)	حلويّات
pão (m)	χubz (m)	خبز
bolacha (f)	baskawīt (m)	بسكويت
chocolate (m)	ʃukulāta (f)	شكولاتة
de chocolate	biʃ ʃukulāṭa	بالشكولاتة
rebuçado (m)	bumbūn (m)	بونبون
bolo (cupcake, etc.)	ka'k (m)	كعك
bolo (m) de aniversário	tūrta (f)	تورتة
tarte (~ de maçã)	faṭīra (f)	فطيرة
recheio (m)	ḥaʃwa (f)	حشوة
doce (m)	murabba (m)	مربّى
geleia (f) de frutas	marmalād (f)	مرملاد
waffle (m)	wāfil (m)	وافل
gelado (m)	muθallaʒāt (pl)	مثلّجات
pudim (m)	būding (m)	بودنج

57. Especiarias

sal (m)	milḥ (m)	ملح
salgado	māliḥ	مالح
salgar (vt)	mallaḥ	ملح
pimenta (f) preta	filfil aswad (m)	فلفل أسود
pimenta (f) vermelha	filfil aḥmar (m)	فلفل أحمر
mostarda (f)	ṣalṣat al χardal (f)	صلصة الخردل
raiz-forte (f)	fiʒl ḥārr (m)	فجل حارّ
condimento (m)	tābil (m)	تابل
especiaria (f)	bahār (m)	بهار
molho (m)	ṣalṣa (f)	صلصة
vinagre (m)	χall (m)	خلّ
anis (m)	yānsūn (m)	يانسون

manjericão (m)	rīḥān (m)	ريحان
cravo (m)	qurumful (m)	قرنفل
gengibre (m)	zanȝabīl (m)	زنجبيل
coentro (m)	kuzbara (f)	كزبرة
canela (f)	qirfa (f)	قرفة

sésamo (m)	simsim (m)	سمسم
folhas (f pl) de louro	awrāq al ɣār (pl)	أوراق الغار
páprica (f)	babrika (f)	بابريكا
cominho (m)	karāwiya (f)	كراوية
açafrão (m)	za'farān (m)	زعفران

INFORMAÇÃO PESSOAL. FAMÍLIA

T&P Books Publishing

58. Informação pessoal. Formulários

nome (m)	ism (m)	إسم
apelido (m)	ism al 'ā'ila (m)	إسم العائلة
data (f) de nascimento	tarīχ al mīlād (m)	تاريخ الميلاد
local (m) de nascimento	makān al mīlād (m)	مكان الميلاد
nacionalidade (f)	ʒinsiyya (f)	جنسية
lugar (m) de residência	maqarr al iqāma (m)	مقر الإقامة
país (m)	balad (m)	بلد
profissão (f)	mihna (f)	مهنة
sexo (m)	ʒins (m)	جنس
estatura (f)	ṭūl (m)	طول
peso (m)	wazn (m)	وزن

59. Membros da família. Parentes

mãe (f)	umm (f)	أمّ
pai (m)	ab (m)	أب
filho (m)	ibn (m)	إبن
filha (f)	ibna (f)	إبنة
filha (f) mais nova	al ibna aṣ ṣaɣīra (f)	الإبنة الصغيرة
filho (m) mais novo	al ibn aṣ ṣaɣīr (m)	الابن الصغير
filha (f) mais velha	al ibna al kabīra (f)	الإبنة الكبيرة
filho (m) mais velho	al ibn al kabīr (m)	الإبن الكبير
irmão (m)	aχ (m)	أخ
irmão mais velho	al aχ al kabīr (m)	الأخ الكبير
irmão mais novo	al aχ aṣ ṣaɣīr (m)	الأخ الصغير
irmã (f)	uχt (f)	أخت
irmã mais velha	al uχt al kabīra (f)	الأخت الكبيرة
irmã mais nova	al uχt aṣ ṣaɣīra (f)	الأخت الصغيرة
primo (m)	ibn 'amm (m), ibn χāl (m)	إبن عمّ، إبن خال
prima (f)	ibnat 'amm (f), ibnat χāl (f)	إبنة عم، إبنة خال
mamã (f)	mama (f)	ماما
papá (m)	baba (m)	بابا
pais (pl)	wālidān (du)	والدان
criança (f)	ṭifl (m)	طفل
crianças (f pl)	aṭfāl (pl)	أطفال
avó (f)	ʒidda (f)	جدّة
avô (m)	ʒadd (m)	جدّ

neto (m)	ḥafīd (m)	حفيد
neta (f)	ḥafīda (f)	حفيدة
netos (pl)	aḥfād (pl)	أحفاد

tio (m)	'amm (m), χāl (m)	عمّ، خال
tia (f)	'amma (f), χāla (f)	عمّة، خالة
sobrinho (m)	ibn al aχ (m), ibn al uχt (m)	إبن الأخ، إبن الأخت
sobrinha (f)	ibnat al aχ (f), ibnat al uχt (f)	إبنة الأخ، إبنة الأخت
sogra (f)	ḥamātt (f)	حماة
sogro (m)	ḥamm (m)	حم
genro (m)	zawʒ al ibna (m)	زوج الأبنة
madrasta (f)	zawʒat al ab (f)	زوجة الأب
padrasto (m)	zawʒ al umm (m)	زوج الأمَ

criança (f) de colo	ṭifl raḍī' (m)	طفل رضيع
bebé (m)	mawlūd (m)	مولود
menino (m)	walad ṣaɣīr (m)	ولد صغير

mulher (f)	zawʒa (f)	زوجة
marido (m)	zawʒ (m)	زوج
esposo (m)	zawʒ (m)	زوج
esposa (f)	zawʒa (f)	زوجة

casado	mutazawwiʒ	متزوّج
casada	mutazawwiʒa	متزوّجة
solteiro	a'zab	أعزب
solteirão (m)	a'zab (m)	أعزب
divorciado	muṭallaq (m)	مطلق
viúva (f)	armala (f)	أرملة
viúvo (m)	armal (m)	أرمل

parente (m)	qarīb (m)	قريب
parente (m) próximo	nasīb qarīb (m)	نسيب قريب
parente (m) distante	nasīb ba'īd (m)	نسيب بعيد
parentes (m pl)	aqārib (pl)	أقارب

órfão (m), órfã (f)	yatīm (m)	يتيم
tutor (m)	waliyy amr (m)	ولي أمر
adotar (um filho)	tabanna	تبنّى
adotar (uma filha)	tabanna	تبنّى

60. Amigos. Colegas de trabalho

amigo (m)	ṣadīq (m)	صديق
amiga (f)	ṣadīqa (f)	صديقة
amizade (f)	ṣadāqa (f)	صداقة
ser amigos	ṣādaq	صادق

| amigo (m) | ṣāḥib (m) | صاحب |
| amiga (f) | ṣaḥiba (f) | صاحبة |

parceiro (m)	rafīq (m)	رفيق
chefe (m)	raʾīs (m)	رئيس
superior (m)	raʾīs (m)	رئيس
proprietário (m)	şāḥib (m)	صاحب
subordinado (m)	tābiʿ (m)	تابع
colega (m)	zamīl (m)	زميل
conhecido (m)	maʿruf (m)	معروف
companheiro (m) de viagem	rafīq safar (m)	رفيق سفر
colega (m) de classe	zamīl fiş şaff (m)	زميل في الصفّ
vizinho (m)	ӡār (m)	جار
vizinha (f)	ӡāra (f)	جارة
vizinhos (pl)	ӡirān (pl)	جيران

T&P BOOKS

CORPO HUMANO. MEDICINA

T&P Books Publishing

cabeça (f)	ra's (m)	رأس
cara (f)	waʒh (m)	وجه
nariz (m)	anf (m)	أنف
boca (f)	fam (m)	فم
olho (m)	ʿayn (f)	عين
olhos (m pl)	ʿuyūn (pl)	عيون
pupila (f)	ḥadaqa (f)	حدقة
sobrancelha (f)	ḥāʒib (m)	حاجب
pestana (f)	rimʃ (m)	رمش
pálpebra (f)	ʒafn (m)	جفن
língua (f)	lisān (m)	لسان
dente (m)	sinn (f)	سنّ
lábios (m pl)	ʃifāh (pl)	شفاه
maçãs (f pl) do rosto	ʿiʒām waʒhiyya (pl)	عظام وجهيّة
gengiva (f)	liθθa (f)	لثّة
céu (f) da boca	ḥanak (m)	حنك
narinas (f pl)	minxarān (du)	منخران
queixo (m)	ðaqan (m)	ذقن
mandíbula (f)	fakk (m)	فكّ
bochecha (f)	xadd (m)	خدّ
testa (f)	ʒabha (f)	جبهة
têmpora (f)	ṣudɣ (m)	صدغ
orelha (f)	uðun (f)	أذن
nuca (f)	qafa (m)	قفا
pescoço (m)	raqaba (f)	رقبة
garganta (f)	ḥalq (m)	حلق
cabelos (m pl)	ʃaʿr (m)	شعر
penteado (m)	tasrīḥa (f)	تسريحة
corte (m) de cabelo	tasrīḥa (f)	تسريحة
peruca (f)	barūka (f)	باروكة
bigode (m)	ʃawārib (pl)	شوارب
barba (f)	liḥya (f)	لحية
usar, ter (~ barba, etc.)	ʿindahu	عنده
trança (f)	ḍifīra (f)	ضفيرة
suíças (f pl)	sawālif (pl)	سوالف
ruivo	aḥmar aʃ ʃaʿr	أحمر الشعر
grisalho	abyaḍ	أبيض

| calvo | aṣlaʿ | أصلع |
| calva (f) | ṣalaʿ (m) | صلع |

| rabo-de-cavalo (m) | ðayl ḥiṣān (m) | ذيل حصان |
| franja (f) | quṣṣa (f) | قصّة |

62. Corpo humano

| mão (f) | yad (m) | يد |
| braço (m) | ðirāʿ (f) | ذراع |

dedo (m)	iṣbaʿ (m)	إصبع
dedo (m) do pé	iṣbaʿ al qadam (m)	إصبع القدم
polegar (m)	ibhām (m)	إبهام
dedo (m) mindinho	χunṣur (m)	خنصر
unha (f)	ẓufr (m)	ظفر

punho (m)	qabḍa (f)	قبضة
palma (f) da mão	kaff (f)	كفّ
pulso (m)	miʿṣam (m)	معصم
antebraço (m)	sāʿid (m)	ساعد
cotovelo (m)	mirfaq (m)	مرفق
ombro (m)	katf (f)	كتف

perna (f)	riʒl (f)	رجل
pé (m)	qadam (f)	قدم
joelho (m)	rukba (f)	ركبة
barriga (f) da perna	sammāna (f)	سمّانة

| anca (f) | faχð (f) | فخذ |
| talão (m) | ʿaqb (m) | عقب |

corpo (m)	ʒism (m)	جسم
barriga (f)	baṭn (m)	بطن
peito (m)	ṣadr (m)	صدر
seio (m)	θady (m)	ثدي
lado (m)	ʒamb (m)	جنب
costas (f pl)	ẓahr (m)	ظهر

| região (f) lombar | asfal aẓ ẓahr (m) | أسفل الظهر |
| cintura (f) | χaṣr (m) | خصر |

umbigo (m)	surra (f)	سرّة
nádegas (f pl)	ardāf (pl)	أرداف
traseiro (m)	dubr (m)	دبر

sinal (m)	ʃāma (f)	شامة
sinal (m) de nascença	waḥma	وحمة
tatuagem (f)	waʃm (m)	وشم
cicatriz (f)	nadba (f)	ندبة

63. Doenças

doença (f)	maraḍ (m)	مرض
estar doente	maraḍ	مرض
saúde (f)	ṣiḥḥa (f)	صحة

nariz (m) a escorrer	zukām (m)	زكام
amigdalite (f)	iltihāb al lawzatayn (m)	التهاب اللوزتين
constipação (f)	bard (m)	برد
constipar-se (vp)	aṣābahu al bard	أصابه البرد

bronquite (f)	iltihāb al qaṣabāt (m)	إلتهاب القصبات
pneumonia (f)	iltihāb ar ri'atayn (m)	إلتهاب الرئتين
gripe (f)	inflūnza (f)	إنفلونزا

míope	qaṣīr an naẓar	قصير النظر
presbita	ba'īd an naẓar	بعيد النظر
estrabismo (m)	ḥawal (m)	حول
estrábico	aḥwal	أحول
catarata (f)	katarakt (f)	كاتاراكت
glaucoma (m)	glawkūma (f)	جلوكوما

AVC (m), apoplexia (f)	sakta (f)	سكتة
ataque (m) cardíaco	iḥtiʃā' (m)	إحتشاء
enfarte (m) do miocárdio	nawba qalbiya (f)	نوبة قلبية
paralisia (f)	ʃalal (m)	شلل
paralisar (vt)	ʃall	شلَّ

alergia (f)	ḥassāsiyya (f)	حساسية
asma (f)	rabw (m)	ربو
diabetes (f)	ad dā' as sukkariy (m)	الداء السكّريّ

| dor (f) de dentes | alam al asnān (m) | ألم الأسنان |
| cárie (f) | naxar al asnān (m) | نخر الأسنان |

diarreia (f)	ishāl (m)	إسهال
prisão (f) de ventre	imsāk (m)	إمساك
desarranjo (m) intestinal	'usr al haḍm (m)	عسر الهضم
intoxicação (f) alimentar	tasammum (m)	تسمّم
intoxicar-se	tasammam	تسمّم

artrite (f)	iltihāb al mafāṣil (m)	إلتهاب المفاصل
raquitismo (m)	kusāḥ al aṭfāl (m)	كساح الأطفال
reumatismo (m)	riumatizm (m)	روماتزم
arteriosclerose (f)	taṣṣallub aʃ ʃarayīn (m)	تصلّب الشرايين

gastrite (f)	iltihāb al ma'ida (m)	إلتهاب المعدة
apendicite (f)	iltihāb az zā'ida ad dūdiyya (m)	إلتهاب الزائدة الدوديّة
colecistite (f)	iltihāb al marāra (m)	إلتهاب المرارة
úlcera (f)	qurḥa (f)	قرحة

sarampo (m)	maraḍ al ḥaṣba (m)	مرض الحصبة
rubéola (f)	ḥaṣba almāniyya (f)	حصبة ألمانية
iterícia (f)	yaraqān (m)	يرقان
hepatite (f)	iltihāb al kabd al vayrūsiy (m)	إلتهاب الكبد الفيروسيّ
esquizofrenia (f)	ʃizufrīniya (f)	شيزوفرينيا
raiva (f)	dāʾ al kalb (m)	داء الكلب
neurose (f)	ʿiṣāb (m)	عصاب
comoção (f) cerebral	irtiʒāʒ al muχχ (m)	إرتجاج المخ
cancro (m)	saraṭān (m)	سرطان
esclerose (f)	taṣṣallub (m)	تصلب
esclerose (f) múltipla	taṣṣallub mutaʿaddid (m)	تصلب متعدد
alcoolismo (m)	idmān al χamr (m)	إدمان الخمر
alcoólico (m)	mudmin al χamr (m)	مدمن الخمر
sífilis (f)	sifilis az zuhariy (m)	سفلس الزهري
SIDA (f)	al aydz (m)	الايدز
tumor (m)	waram (m)	ورم
maligno	χabīθ	خبيث
benigno	ḥamīd (m)	حميد
febre (f)	ḥumma (f)	حمَى
malária (f)	malāriya (f)	ملاريا
gangrena (f)	ɣanɣrīna (f)	غنغرينا
enjoo (m)	duwār al baḥr (m)	دوار البحر
epilepsia (f)	maraḍ aṣ ṣarʿ (m)	مرض الصرع
epidemia (f)	wabāʾ (m)	وباء
tifo (m)	tīfus (m)	تيفوس
tuberculose (f)	maraḍ as sull (m)	مرض السلّ
cólera (f)	kulīra (f)	كوليرا
peste (f)	ṭāʿūn (m)	طاعون

64. Simtomas. Tratamentos. Parte 1

sintoma (m)	ʿaraḍ (m)	عرض
temperatura (f)	ḥarāra (f)	حرارة
febre (f)	ḥumma (f)	حمَى
pulso (m)	nabḍ (m)	نبض
vertigem (f)	dawχa (f)	دوخة
quente (testa, etc.)	ḥārr	حارّ
calafrio (m)	nafaḍān (m)	نفضان
pálido	aṣfar	أصفر
tosse (f)	suʿāl (m)	سعال
tossir (vi)	saʿal	سعل

espirrar (vi)	ʻaṭas	عطس
desmaio (m)	iɣmā' (m)	إغماء
desmaiar (vi)	ɣumiya ʻalayh	غمي عليه

nódoa (f) negra	kadma (f)	كدمة
galo (m)	tawarrum (m)	تورّم
magoar-se (vp)	iṣṭadam	إصطدم
pisadura (f)	raḍḍ (m)	رضّ
aleijar-se (vp)	taraḍḍaḍ	ترضّض

coxear (vi)	ʻaraʒ	عرج
deslocação (f)	χalʻ (m)	خلع
deslocar (vt)	χalaʻ	خلع
fratura (f)	kasr (m)	كسر
fraturar (vt)	inkasar	إنكسر

corte (m)	ʒurḥ (m)	جرح
cortar-se (vp)	ʒaraḥ nafsah	جرح نفسه
hemorragia (f)	nazf (m)	نزف

| queimadura (f) | ḥarq (m) | حرق |
| queimar-se (vp) | taʃayyat | تشيّط |

picar (vt)	waχaz	وخز
picar-se (vp)	waχaz nafsah	وخز نفسه
lesionar (vt)	aṣāb	أصاب
lesão (m)	iṣāba (f)	إصابة
ferida (f), ferimento (m)	ʒurḥ (m)	جرح
trauma (m)	ṣadma (f)	صدمة

delirar (vi)	haða	هذى
gaguejar (vi)	talaʻsam	تلعثم
insolação (f)	ḍarbat ʃams (f)	ضربة شمس

65. Simtomas. Tratamentos. Parte 2

| dor (f) | alam (m) | ألم |
| farpa (no dedo) | ʃaẓiyya (f) | شظيّة |

suor (m)	ʻirq (m)	عرق
suar (vi)	ʻariq	عرق
vómito (m)	taqayyuʻ (m)	تقيّؤ
convulsões (f pl)	taʃannuʒāt (pl)	تشنّجات

grávida	ḥāmil	حامل
nascer (vi)	wulid	وُلد
parto (m)	wilāda (f)	ولادة
dar â luz	walad	ولد
aborto (m)	iʒhāḍ (m)	إجهاض
respiração (f)	tanaffus (m)	تنفّس

inspiração (f)	istinʃāq (m)	إستنشاق
expiração (f)	zafīr (m)	زفير
expirar (vi)	zafar	زفر
inspirar (vi)	istanʃaq	إستنشق

inválido (m)	mu'āq (m)	معاق
aleijado (m)	muq'ad (m)	مقعد
toxicodependente (m)	mudmin muχaddirāt (m)	مدمن مخدّرات

surdo	aṭraʃ	أطرش
mudo	aχras	أخرس
surdo-mudo	aṭraʃ aχras	أطرش أخرس

louco (adj.)	maʒnūn (m)	مجنون
louco (m)	maʒnūn (m)	مجنون
louca (f)	maʒnūna (f)	مجنونة
ficar louco	ʒunn	جنّ

gene (m)	ʒīn (m)	جين
imunidade (f)	manā'a (f)	مناعة
hereditário	wirāθiy	وراثيّ
congénito	χilqiy munð al wilāda	خلقيّ منذ الولادة

vírus (m)	virūs (m)	فيروس
micróbio (m)	mikrūb (m)	ميكروب
bactéria (f)	ʒurθūma (f)	جرثومة
infeção (f)	'adwa (f)	عدوى

66. Simtomas. Tratamentos. Parte 3

| hospital (m) | mustaʃfa (m) | مستشفى |
| paciente (m) | marīḍ (m) | مريض |

diagnóstico (m)	taʃχīṣ (m)	تشخيص
cura (f)	'ilāʒ (m)	علاج
tratamento (m) médico	'ilāʒ (m)	علاج
curar-se (vp)	ta'ālaʒ	تعالج
tratar (vt)	'ālaʒ	عالج
cuidar (pessoa)	marraḍ	مرّض
cuidados (m pl)	'ināya (f)	عناية

operação (f)	'amaliyya ʒaraḥiyya (f)	عمليّة جرحيّة
pôr uma ligadura	ḍammad	ضمّد
ligadura (f)	taḍmīd (m)	تضميد

vacinação (f)	talqīḥ (m)	تلقيح
vacinar (vt)	laqqaḥ	لقّح
injeção (f)	ḥuqna (f)	حقنة
dar uma injeção	ḥaqan ibra	حقن إبرة
ataque (~ de asma, etc.)	nawba (f)	نوبة

amputação (f)	batr (m)	بتر
amputar (vt)	batar	بتر
coma (m)	ɣaybūba (f)	غيبوبة
estar em coma	kān fi ḥālat ɣaybūba	كان في حالة غيبوبة
reanimação (f)	al 'ināya al murakkaza (f)	العناية المركّزة

recuperar-se (vp)	ʃufiy	شفي
estado (~ de saúde)	ḥāla (f)	حالة
consciência (f)	wa'y (m)	وعي
memória (f)	ðākira (f)	ذاكرة

tirar (vt)	χala'	خلع
chumbo (m), obturação (f)	ḥaʃw (m)	حشو
chumbar, obturar (vt)	ḥaʃa	حشا

hipnose (f)	at tanwīm al maɣnaṭīsiy (m)	التنويم المغناطيسيّ
hipnotizar (vt)	nawwam	نوّم

67. Medicina. Drogas. Acessórios

medicamento (m)	dawā' (m)	دواء
remédio (m)	'ilāʒ (m)	علاج
receitar (vt)	waṣaf	وصف
receita (f)	waṣfa (f)	وصفة

comprimido (m)	qurṣ (m)	قرص
pomada (f)	marham (m)	مرهم
ampola (f)	ambūla (f)	أمبولة
preparado (m)	dawā' ʃarāb (m)	دواء شراب
xarope (m)	ʃarāb (m)	شراب
cápsula (f)	ḥabba (f)	حبّة
remédio (m) em pó	ðarūr (m)	ذرور

ligadura (f)	ḍammāda (f)	ضمادة
algodão (m)	quṭn (m)	قطن
iodo (m)	yūd (m)	يود

penso (m) rápido	blāstir (m)	بلاستر
conta-gotas (f)	māṣṣat al bastara (f)	ماصّة البسترة
termómetro (m)	tirmūmitr (m)	ترمومتر
seringa (f)	miḥqana (f)	محقنة

cadeira (m) de rodas	kursiy mutaḥarrik (m)	كرسي متحرّك
muletas (f pl)	'ukkāzān (du)	عكّازان

analgésico (m)	musakkin (m)	مسكّن
laxante (m)	mulayyin (m)	مليّن
álcool (m) etílico	iθanūl (m)	إيثانول
ervas (f pl) medicinais	a'ʃāb ṭibbiyya (pl)	أعشاب طبية
de ervas (chá ~)	'uʃbiy	عشبيّ

APARTAMENTO

T&P Books Publishing

68. Apartamento

apartamento (m)	ʃaqqa (f)	شقّة
quarto (m)	ɣurfa (f)	غرفة
quarto (m) de dormir	ɣurfat an nawm (f)	غرفة النوم
sala (f) de jantar	ɣurfat il akl (f)	غرفة الأكل
sala (f) de estar	ṣālat al istiqbāl (f)	صالة الإستقبال
escritório (m)	maktab (m)	مكتب
antessala (f)	madχal (m)	مدخل
quarto (m) de banho	ḥammām (m)	حمّام
quarto (m) de banho	ḥammām (m)	حمّام
teto (m)	saqf (m)	سقف
chão, soalho (m)	arḍ (f)	أرض
canto (m)	zāwiya (f)	زاوية

69. Mobiliário. Interior

mobiliário (m)	aθāθ (m)	أثاث
mesa (f)	maktab (m)	مكتب
cadeira (f)	kursiy (m)	كرسيّ
cama (f)	sarīr (m)	سرير
divã (m)	kanaba (f)	كنبة
cadeirão (m)	kursiy (m)	كرسيّ
biblioteca (f)	χizānat kutub (f)	خزانة كتب
prateleira (f)	raff (m)	رفّ
guarda-vestidos (m)	dūlāb (m)	دولاب
cabide (m) de parede	ʃammāʻa (f)	شمّاعة
cabide (m) de pé	ʃammāʻa (f)	شمّاعة
cómoda (f)	dulāb adrāʒ (m)	دولاب أدراج
mesinha (f) de centro	ṭāwilat al qahwa (f)	طاولة القهوة
espelho (m)	mir'āt (f)	مرآة
tapete (m)	siʒāda (f)	سجادة
tapete (m) pequeno	siʒāda (f)	سجادة
lareira (f)	midfa'a ḥā'iṭiyya (f)	مدفأة حائطيّة
vela (f)	ʃam'a (f)	شمعة
castiçal (m)	ʃam'adān (m)	شمعدان
cortinas (f pl)	satā'ir (pl)	ستائر

| papel (m) de parede | waraq ḥīṭān (m) | ورق حيطان |
| estores (f pl) | haṣīrat ʃubbāk (f) | حصيرة شبّاك |

candeeiro (m) de mesa	miṣbāḥ aṭ ṭāwila (m)	مصباح الطاولة
candeeiro (m) de parede	miṣbāḥ al ḥāʾiṭ (f)	مصباح الحائط
candeeiro (m) de pé	miṣbāḥ arḍiy (m)	مصباح أرضيّ
lustre (m)	naʒafa (f)	نجفة

perna (da cadeira, etc.)	riʒl (f)	رجل
braço (m)	masnad (m)	مسند
costas (f pl)	masnad (m)	مسند
gaveta (f)	durʒ (m)	درج

70. Quarto de dormir

roupa (f) de cama	bayāḍāt as sarīr (pl)	بياضات السرير
almofada (f)	wisāda (f)	وسادة
fronha (f)	kīs al wisāda (m)	كيس الوسادة
cobertor (m)	baṭṭāniyya (f)	بطّانيّة
lençol (m)	milāya (f)	ملاية
colcha (f)	ɣiṭāʾ as sarīr (m)	غطاء السرير

71. Cozinha

cozinha (f)	maṭbax (m)	مطبخ
gás (m)	ɣāz (m)	غاز
fogão (m) a gás	butuɣāz (m)	بوتوغاز
fogão (m) elétrico	furn kaharabāʾiy (m)	فرن كهربائيّ
forno (m)	furn (m)	فرن
forno (m) de micro-ondas	furn al mikruwayv (m)	فرن الميكروويف

frigorífico (m)	θallāʒa (f)	ثلاجة
congelador (m)	frīzir (m)	فريزر
máquina (f) de lavar louça	ɣassāla (f)	غسّالة

moedor (m) de carne	farrāmat laḥm (f)	فرّامة لحم
espremedor (m)	ʿaṣṣāra (f)	عصّارة
torradeira (f)	maḥmaṣat xubz (f)	محمصة خبز
batedeira (f)	xallāṭ (m)	خلّاط

máquina (f) de café	mākinat ṣanʿ al qahwa (f)	ماكينة صنع القهوة
cafeteira (f)	kanaka (f)	كنكة
moinho (m) de café	maṭḥanat qahwa (f)	مطحنة قهوة

chaleira (f)	barrād (m)	برّاد
bule (m)	barrād aʃ ʃāy (m)	برّاد الشاي
tampa (f)	ɣiṭāʾ (m)	غطاء
coador (f) de chá	miṣfāt (f)	مصفاة

colher (f)	mil'aqa (f)	ملعقة
colher (f) de chá	mil'aqat ʃāy (f)	ملعقة شاي
colher (f) de sopa	mil'aqa kabīra (f)	ملعقة كبيرة
garfo (m)	ʃawka (f)	شوكة
faca (f)	sikkīn (m)	سكين

louça (f)	ṣuhūn (pl)	صحون
prato (m)	ṭabaq (m)	طبق
pires (m)	ṭabaq finʒān (m)	طبق فنجان

cálice (m)	ka's (f)	كأس
copo (m)	kubbāya (f)	كبّاية
chávena (f)	finʒān (m)	فنجان

açucareiro (m)	sukkariyya (f)	سكّريّة
saleiro (m)	mamlaḥa (f)	مملحة
pimenteiro (m)	mabhara (f)	مبهرة
manteigueira (f)	ṣuḥn zubda (m)	صحن زبدة

panela (f)	kassirūlla (f)	كاسرولة
frigideira (f)	ṭāsa (f)	طاسة
concha (f)	miɣrafa (f)	مغرفة
passador (m)	miṣfāt (f)	مصفاة
bandeja (f)	ṣīniyya (f)	صينيّة

garrafa (f)	zuʒāʒa (f)	زجاجة
boião (m) de vidro	barṭamān (m)	برطمان
lata (f)	tanaka (f)	تنكة

abridor (m) de garrafas	fattāḥa (f)	فتّاحة
abre-latas (m)	fattāḥa (f)	فتّاحة
saca-rolhas (m)	barrīma (f)	برّيمة
filtro (m)	filtir (m)	فلتر
filtrar (vt)	ṣaffa	صفّى

| lixo (m) | zubāla (f) | زبالة |
| balde (m) do lixo | ṣundūq az zubāla (m) | صندوق الزبالة |

72. Casa de banho

quarto (m) de banho	ḥammām (m)	حمّام
água (f)	mā' (m)	ماء
torneira (f)	ḥanafiyya (f)	حنفيّة
água (f) quente	mā' sāxin (m)	ماء ساخن
água (f) fria	mā' bārid (m)	ماء بارد

pasta (f) de dentes	ma'ʒūn asnān (m)	معجون أسنان
escovar os dentes	naẓẓaf al asnān	نظّف الأسنان
escova (f) de dentes	furʃat asnān (f)	فرشة أسنان
barbear-se (vp)	ḥalaq	حلق

espuma (f) de barbear	raɣwa lil ḥilāqa (f)	رغوة للحلاقة
máquina (f) de barbear	mūs ḥilāqa (m)	موس حلاقة
lavar (vt)	ɣasal	غسل
lavar-se (vp)	istaḥamm	إستحمَ
duche (m)	dūʃ (m)	دوش
tomar um duche	aχað ad duʃ	أخذ الدش
banheira (f)	ḥawḍ istiḥmām (m)	حوض استحمام
sanita (f)	mirḥāḍ (m)	مرحاض
lavatório (m)	ḥawḍ (m)	حوض
sabonete (m)	ṣābūn (m)	صابون
saboneteira (f)	ṣabbāna (f)	صبّانة
esponja (f)	līfa (f)	ليفة
champô (m)	ʃāmbū (m)	شامبو
toalha (f)	fūṭa (f)	فوطة
roupão (m) de banho	θawb ḥammām (m)	ثوب حمّام
lavagem (f)	ɣasīl (m)	غسيل
máquina (f) de lavar	ɣassāla (f)	غسّالة
lavar a roupa	ɣasal al malābis	غسل الملابس
detergente (m)	masḥūq ɣasīl (m)	مسحوق غسيل

73. Eletrodomésticos

televisor (m)	tilivizyūn (m)	تليفزيون
gravador (m)	ʒihāz tasʒīl (m)	جهاز تسجيل
videogravador (m)	ʒihāz tasʒīl vidiyu (m)	جهاز تسجيل فيديو
rádio (m)	ʒihāz radiyu (m)	جهاز راديو
leitor (m)	blayir (m)	بلاير
projetor (m)	'āriḍ vidiyu (m)	عارض فيديو
cinema (m) em casa	sinima manziliyya (f)	سينما منزليّة
leitor (m) de DVD	di vi di (m)	دي في دي
amplificador (m)	mukabbir aṣ ṣawt (m)	مكبّر الصوت
console (f) de jogos	'atāri (m)	أتاري
câmara (f) de vídeo	kamira vidiyu (f)	كاميرا فيديو
máquina (f) fotográfica	kamira (f)	كاميرا
câmara (f) digital	kamira diʒital (f)	كاميرا ديجيتال
aspirador (m)	miknasa kahrabā'iyya (f)	مكنسة كهربائيّة
ferro (m) de engomar	makwāt (f)	مكواة
tábua (f) de engomar	lawḥat kayy (f)	لوحة كيّ
telefone (m)	hātif (m)	هاتف
telemóvel (m)	hātif maḥmūl (m)	هاتف محمول
máquina (f) de escrever	'āla katiba (f)	آلة كاتبة

máquina (f) de costura	'ālat al χiyāṭa (f)	آلة الخياطة
microfone (m)	mikrufūn (m)	ميكروفون
auscultadores (m pl)	sammā'āt ra'siya (pl)	سمّاعات رأسيّة
controlo remoto (m)	rimuwt kuntrūl (m)	ريموت كنترول
CD (m)	si di (m)	سي دي
cassete (f)	ʃarīṭ (m)	شريط
disco (m) de vinil	usṭuwāna (f)	أسطوانة

A TERRA. TEMPO

T&P Books Publishing

Português	Transliteração	العربية
cosmos (m)	faḍā' (m)	فضاء
cósmico	faḍā'iy	فضائيّ
espaço (m) cósmico	faḍā' (m)	فضاء
mundo (m)	'ālam (m)	عالم
universo (m)	al kawn (m)	الكون
galáxia (f)	al maʒarra (f)	المجرّة
estrela (f)	naʒm (m)	نجم
constelação (f)	burʒ (m)	برج
planeta (m)	kawkab (m)	كوكب
satélite (m)	qamar ṣinā'iy (m)	قمر صناعيّ
meteorito (m)	ḥaʒar nayzakiy (m)	حجر نيزكيّ
cometa (m)	muðannab (m)	مذنّب
asteroide (m)	kuwaykib (m)	كويكب
órbita (f)	madār (m)	مدار
girar (vi)	dār	دار
atmosfera (f)	al ɣilāf al ʒawwiy (m)	الغلاف الجوّيّ
Sol (m)	aʃ ʃams (f)	الشمس
Sistema (m) Solar	al maʒmū'a aʃ ʃamsiyya (f)	المجموعة الشمسيّة
eclipse (m) solar	kusūf aʃ ʃams (m)	كسوف الشمس
Terra (f)	al arḍ (f)	الأرض
Lua (f)	al qamar (m)	القمر
Marte (m)	al mirrīχ (m)	المرّيخ
Vénus (m)	az zahra (f)	الزهرة
Júpiter (m)	al muʃtari (m)	المشتري
Saturno (m)	zuḥal (m)	زحل
Mercúrio (m)	'aṭārid (m)	عطارد
Urano (m)	urānus (m)	اورانوس
Neptuno (m)	nibtūn (m)	نبتون
Plutão (m)	blūtu (m)	بلوتو
Via Láctea (f)	darb at tabbāna (m)	درب التبّانة
Ursa Maior (f)	ad dubb al akbar (m)	الدبّ الأكبر
Estrela Polar (f)	naʒm al 'quṭb (m)	نجم القطب
marciano (m)	sākin al mirrīχ (m)	ساكن المرّيخ
extraterrestre (m)	faḍā'iy (m)	فضائيّ
alienígena (m)	faḍā'iy (m)	فضائيّ

disco (m) voador	ṭabaq ṭā'ir (m)	طبق طائر
nave (f) espacial	markaba faḍā'iyya (f)	مركبة فضائية
estação (f) orbital	maḥaṭṭat faḍā' (f)	محطة فضاء
lançamento (m)	intilāq (m)	إنطلاق
motor (m)	mutūr (m)	موتور
bocal (m)	manfaθ (m)	منفث
combustível (m)	wuqūd (m)	وقود
cabine (f)	kabīna (f)	كابينة
antena (f)	hawā'iy (m)	هوائي
vigia (f)	kuwwa mustadīra (f)	كوة مستديرة
bateria (f) solar	lawḥ ʃamsiy (m)	لوح شمسي
traje (m) espacial	baðlat al faḍā' (f)	بذلة الفضاء
imponderabilidade (f)	in'idām al wazn (m)	إنعدام الوزن
oxigénio (m)	uksiʒīn (m)	أكسجين
acoplagem (f)	rasw (m)	رسو
fazer uma acoplagem	rasa	رسا
observatório (m)	marṣad (m)	مرصد
telescópio (m)	tiliskūp (m)	تلسكوب
observar (vt)	rāqab	راقب
explorar (vt)	istakʃaf	إستكشف

75. A Terra

Terra (f)	al arḍ (f)	الأرض
globo terrestre (Terra)	al kura al arḍiyya (f)	الكرة الأرضية
planeta (m)	kawkab (m)	كوكب
atmosfera (f)	al yilāf al ʒawwiy (m)	الغلاف الجوي
geografia (f)	ʒuyrāfiya (f)	جغرافيا
natureza (f)	ṭabī'a (f)	طبيعة
globo (mapa esférico)	namūðaʒ lil kura al arḍiyya (m)	نموذج للكرة الأرضية
mapa (m)	xarīṭa (f)	خريطة
atlas (m)	aṭlas (m)	أطلس
Europa (f)	urūbba (f)	أوروبا
Ásia (f)	'āsiya (f)	آسيا
África (f)	afrīqiya (f)	أفريقيا
Austrália (f)	usturāliya (f)	أستراليا
América (f)	amrīka (f)	أمريكا
América (f) do Norte	amrīka aʃ ʃimāliyya (f)	أمريكا الشمالية
América (f) do Sul	amrīka al ʒanūbiyya (f)	أمريكا الجنوبية
Antártida (f)	al quṭb al ʒanūbiy (m)	القطب الجنوبي
Ártico (m)	al quṭb aʃ ʃimāliy (m)	القطب الشمالي

76. Pontos cardeais

norte (m)	ʃimāl (m)	شمال
para norte	ilaʃ ʃimāl	إلى الشمال
no norte	fiʃ ʃimāl	في الشمال
do norte	ʃimāliy	شمالي
sul (m)	ʒanūb (m)	جنوب
para sul	ilal ʒanūb	إلى الجنوب
no sul	fil ʒanūb	في الجنوب
do sul	ʒanūbiy	جنوبي
oeste, ocidente (m)	ɣarb (m)	غرب
para oeste	ilal ɣarb	إلى الغرب
no oeste	fil ɣarb	في الغرب
ocidental	ɣarbiy	غربي
leste, oriente (m)	ʃarq (m)	شرق
para leste	ilaʃ ʃarq	إلى الشرق
no leste	fiʃ ʃarq	في الشرق
oriental	ʃarqiy	شرقي

77. Mar. Oceano

mar (m)	baḥr (m)	بحر
oceano (m)	muḥīṭ (m)	محيط
golfo (m)	χalīʒ (m)	خليج
estreito (m)	maḍīq (m)	مضيق
terra (f) firme	barr (m)	برّ
continente (m)	qārra (f)	قارّة
ilha (f)	ʒazīra (f)	جزيرة
península (f)	ʃibh ʒazīra (f)	شبه جزيرة
arquipélago (m)	maʒmūʕat ʒuzur (f)	مجموعة جزر
baía (f)	χalīʒ (m)	خليج
porto (m)	mīnā' (m)	ميناء
lagoa (f)	buḥayra ʃāṭi'a (f)	بحيرة شاطئة
cabo (m)	ra's (m)	رأس
atol (m)	ʒazīra marʒāniyya istiwā'iyya (f)	جزيرة مرجانيّة إستوائيّة
recife (m)	ʃiʕāb (pl)	شعاب
coral (m)	murʒān (m)	مرجان
recife (m) de coral	ʃiʕāb marʒāniyya (pl)	شعاب مرجانيّة
profundo	ʕamīq	عميق
profundidade (f)	ʕumq (m)	عمق
abismo (m)	mahwāt (f)	مهواة

fossa (f) oceânica	χandaq (m)	خندق
corrente (f)	tayyār (m)	تيّار
banhar (vt)	aḥāṭ	أحاط
litoral (m)	sāḥil (m)	ساحل
costa (f)	sāḥil (m)	ساحل
maré (f) alta	madd (m)	مدّ
maré (f) baixa	ʒazr (m)	جزر
restinga (f)	miyāh ḍaḥla (f)	مياه ضحلة
fundo (m)	qāʻ (m)	قاع
onda (f)	mawʒa (f)	موجة
crista (f) da onda	qimmat mawʒa (f)	قمّة موجة
espuma (f)	zabad al baḥr (m)	زبد البحر
tempestade (f)	ʻāṣifa (f)	عاصفة
furacão (m)	iʻṣār (m)	إعصار
tsunami (m)	tsunāmi (m)	تسونامي
calmaria (f)	hudūʼ (m)	هدوء
calmo	hādiʼ	هادئ
polo (m)	quṭb (m)	قطب
polar	quṭby	قطبيّ
latitude (f)	ʻarḍ (m)	عرض
longitude (f)	ṭūl (m)	طول
paralela (f)	mutawāzi (m)	متواز
equador (m)	χaṭṭ al istiwāʼ (m)	خط الإستواء
céu (m)	samāʼ (f)	سماء
horizonte (m)	ufuq (m)	أفق
ar (m)	hawāʼ (m)	هواء
farol (m)	manāra (f)	منارة
mergulhar (vi)	χāṣ	غاص
afundar-se (vp)	χariq	غرق
tesouros (m pl)	kunūz (pl)	كنوز

78. Nomes de Mares e Oceanos

Oceano (m) Atlântico	al muḥīṭ al aṭlasiy (m)	المحيط الأطلسيّ
Oceano (m) Índico	al muḥīṭ al hindiy (m)	المحيط الهنديّ
Oceano (m) Pacífico	al muḥīṭ al hādiʼ (m)	المحيط الهادئ
Oceano (m) Ártico	al muḥīṭ il mutaʒammid aʃ ʃimāliy (m)	المحيط المتجمّد الشماليّ
Mar (m) Negro	al baḥr al aswad (m)	البحر الأسود
Mar (m) Vermelho	al baḥr al aḥmar (m)	البحر الأحمر
Mar (m) Amarelo	al baḥr al aṣfar (m)	البحر الأصفر

Mar (m) Branco	al bahr al abyaḍ (m)	البحر الأبيض
Mar (m) Cáspio	bahr qazwīn (m)	بحر قزوين
Mar (m) Morto	al bahr al mayyit (m)	البحر الميّت
Mar (m) Mediterrâneo	al bahr al abyaḍ al mutawassiṭ (m)	البحر الأبيض المتوسّط

Mar (m) Egeu	bahr ʔʒah (m)	بحر إيجة
Mar (m) Adriático	al bahr al adriyatīkiy (m)	البحر الأدرياتيكيّ

Mar (m) Arábico	bahr al 'arab (m)	بحر العرب
Mar (m) do Japão	bahr al yabān (m)	بحر اليابان
Mar (m) de Bering	bahr birinʒ (m)	بحر بيرينغ
Mar (m) da China Meridional	bahr aṣ ṣīn al ʒanūbiy (m)	بحر الصين الجنوبيّ

Mar (m) de Coral	bahr al marʒān (m)	بحر المرجان
Mar (m) de Tasman	bahr tasmān (m)	بحر تسمان
Mar (m) do Caribe	al bahr al karībiy (m)	البحر الكاريبيّ

Mar (m) de Barents	bahr barints (m)	بحر بارينس
Mar (m) de Kara	bahr kara (m)	بحر كارا

Mar (m) do Norte	bahr aʃ ʃimāl (m)	بحر الشمال
Mar (m) Báltico	al bahr al balṭīq (m)	البحر البلطيق
Mar (m) da Noruega	bahr an narwīʒ (m)	بحر النرويج

79. Montanhas

montanha (f)	ʒabal (m)	جبل
cordilheira (f)	silsilat ʒibāl (f)	سلسلة جبال
serra (f)	qimam ʒabaliyya (pl)	قمم جبليّة

cume (m)	qimma (f)	قمّة
pico (m)	qimma (f)	قمّة
sopé (m)	asfal (m)	أسفل
declive (m)	munhadar (m)	منحدر

vulcão (m)	burkān (m)	بركان
vulcão (m) ativo	burkān naʃiṭ (m)	بركان نشط
vulcão (m) extinto	burkān xāmid (m)	بركان خامد

erupção (f)	θawrān (m)	ثوران
cratera (f)	fūhat al burkān (f)	فوهة البركان
magma (m)	māɣma (f)	ماغما
lava (f)	humam burkāniyya (pl)	حمم بركانيّة
fundido (lava ~a)	munṣahira	منصهرة

desfiladeiro (m)	tal'a (m)	تلعة
garganta (f)	wādi ḍayyiq (m)	واد ضيّق
fenda (f)	ʃaqq (m)	شقّ

precipício (m)	hāwiya (f)	هاوية
passo, colo (m)	mamarr ӡabaliy (m)	ممرّ جبليّ
planalto (m)	haḍba (f)	هضبة
falésia (f)	ӡurf (m)	جرف
colina (f)	tall (m)	تلّ

glaciar (m)	nahr ӡalīdiy (m)	نهر جليديّ
queda (f) d'água	ʃallāl (m)	شلّال
géiser (m)	fawwāra ḥārra (m)	فوّارة حارّة
lago (m)	buḥayra (f)	بحيرة

planície (f)	sahl (m)	سهل
paisagem (f)	manẓar ṭabīʿiy (m)	منظر طبيعيّ
eco (m)	ṣada (m)	صدى

alpinista (m)	mutasalliq al ӡibāl (m)	متسلّق الجبال
escalador (m)	mutasalliq ṣuҳūr (m)	متسلّق صخور
conquistar (vt)	taүallab ʿala	تغلّب على
subida, escalada (f)	tasalluq (m)	تسلّق

80. Nomes de montanhas

Alpes (m pl)	ӡibāl al alb (pl)	جبال الألب
monte Branco (m)	mūn blūn (m)	مون بلون
Pirineus (m pl)	ӡibāl al barānis (pl)	جبال البرانس

Cárpatos (m pl)	ӡibāl al karbāt (pl)	جبال الكاربات
montes (m pl) Urais	ӡibāl al ʾūrāl (pl)	جبال الأورال
Cáucaso (m)	ӡibāl al qawqāz (pl)	جُبال القوقاز
Elbrus (m)	ӡabal ilbrūs (m)	جبل إلبروس

Altai (m)	ӡibāl altāy (pl)	جبال ألتاي
Tian Shan (m)	ӡibāl tian ʃan (pl)	جبال تيان شان
Pamir (m)	ӡibāl bamīr (pl)	جبال بامير
Himalaias (m pl)	himalāya (pl)	هيمالايا
monte (m) Everest	ӡabal ivirist (m)	جبل افرست

| Cordilheira (f) dos Andes | ӡibāl al andīz (pl) | جبال الأنديز |
| Kilimanjaro (m) | ӡabal kilimanӡāru (m) | جبل كليمنجارو |

81. Rios

rio (m)	nahr (m)	نهر
fonte, nascente (f)	ʿayn (m)	عين
leito (m) do rio	maӡra an nahr (m)	مجرى النهر
bacia (f)	ḥawḍ (m)	حوض
desaguar no ...	ṣabb fi ...	صبّ في...
afluente (m)	rāfid (m)	رافد

margem (do rio)	ḍiffa (f)	ضفة
corrente (f)	tayyār (m)	تيّار
rio abaixo	f ittiӡāh maӡra an nahr	في إتجاه مجرى النهر
rio acima	ḍidd at tayyār	ضد التيّار
inundação (f)	ɣamr (m)	غمر
cheia (f)	fayaḍān (m)	فيضان
transbordar (vi)	fāḍ	فاض
inundar (vt)	ɣamar	غمر
baixio (m)	miyāh ḍaḥla (f)	مياه ضحلة
rápidos (m pl)	munḥadar an nahr (m)	منحدر النهر
barragem (f)	sadd (m)	سدّ
canal (m)	qanāt (f)	قناة
reservatório (m) de água	xazzān mā'iy (m)	خزّان مائيّ
esclusa (f)	hawīs (m)	هويس
corpo (m) de água	masṭaḥ mā'iy (m)	مسطح مائيّ
pântano (m)	mustanqaʿ (m)	مستنقع
tremedal (m)	mustanqaʿ (m)	مستنقع
remoinho (m)	dawwāma (f)	دوّامة
arroio, regato (m)	ӡadwal mā'iy (m)	جدول مائيّ
potável	aʃ ʃurb	الشرب
doce (água)	ʿaðb	عذب
gelo (m)	ӡalīd (m)	جليد
congelar-se (vp)	taӡammad	تجمّد

82. Nomes de rios

rio Sena (m)	nahr as sīn (m)	نهر السين
rio Loire (m)	nahr al lua:r (m)	نهر اللوار
rio Tamisa (m)	nahr at tīmz (m)	نهر التيمز
rio Reno (m)	nahr ar rayn (m)	نهر الراين
rio Danúbio (m)	nahr ad danūb (m)	نهر الدانوب
rio Volga (m)	nahr al vulɣa (m)	نهر الفولغا
rio Don (m)	nahr ad dūn (m)	نهر الدون
rio Lena (m)	nahr līna (m)	نهر لينا
rio Amarelo (m)	an nahr al aṣfar (m)	النهر الأصفر
rio Yangtzé (m)	nahr al yanɣtsi (m)	نهر اليانغتسي
rio Mekong (m)	nahr al mikunɣ (m)	نهر الميكونغ
rio Ganges (m)	nahr al ɣānӡ (m)	نهر الغانج
rio Nilo (m)	nahr an nīl (m)	نهر النيل
rio Congo (m)	nahr al kunɣu (m)	نهر الكونغو

rio Cubango (m)	nahr ukavanʒu (m)	نهر اوكافانجو
rio Zambeze (m)	nahr az zambizi (m)	نهر الزمبيزي
rio Limpopo (m)	nahr limbubu (m)	نهر ليمبوبو
rio Mississipi (m)	nahr al mississibbi (m)	نهر الميسيسيبي

83. Floresta

floresta (f), bosque (m)	ɣāba (f)	غابة
florestal	ɣāba	غابة
mata (f) cerrada	ɣāba kaθīfa (f)	غابة كثيفة
arvoredo (m)	ɣāba ṣaɣīra (f)	غابة صغيرة
clareira (f)	minṭaqa uzīlat minha al aʃʒār (f)	منطقة أزيلت منها الأشجار
matagal (f)	aʒama (f)	أجمة
mato (m)	ʃuʒayrāt (pl)	شجيرات
vereda (f)	mamarr (m)	ممرّ
ravina (f)	wādi ḍayyiq (m)	واد ضيّق
árvore (f)	ʃaʒara (f)	شجرة
folha (f)	waraqa (f)	ورقة
folhagem (f)	waraq (m)	ورق
queda (f) das folha	tasāquṭ al awrāq (m)	تساقط الأوراق
cair (vi)	saqaṭ	سقط
topo (m)	ra's (m)	رأس
ramo (m)	ɣuṣn (m)	غصن
galho (m)	ɣuṣn (m)	غصن
botão, rebento (m)	burʿum (m)	برعم
agulha (f)	ʃawka (f)	شوكة
pinha (f)	kūz aṣ ṣanawbar (m)	كوز الصنوبر
buraco (m) de árvore	ʒawf (m)	جوف
ninho (m)	ʿuʃʃ (m)	عشّ
toca (f)	ʒuḥr (m)	جحر
tronco (m)	ʒiðʿ (m)	جذع
raiz (f)	ʒiðr (m)	جذر
casca (f) de árvore	liḥāʾ (m)	لحاء
musgo (m)	ṭuḥlub (m)	طحلب
arrancar pela raiz	iqtalaʿ	إقتلع
cortar (vt)	qaṭaʿ	قطع
desflorestar (vt)	azāl al ɣābāt	أزال الغابات
toco, cepo (m)	ʒiðʿ aʃ ʃaʒara (m)	جذع الشجرة
fogueira (f)	nār muxayyam (m)	نار مخيّم
incêndio (m) florestal	ḥarīq ɣāba (m)	حريق غابة

apagar (vt)	aṭfa'	أطفأ
guarda-florestal (m)	ḥāris al ɣāba (m)	حارس الغابة
proteção (f)	ḥimāya (f)	حماية
proteger (a natureza)	ḥama	حمى
caçador (m) furtivo	sāriq aṣ ṣayd (m)	سارق الصيد
armadilha (f)	maṣyada (f)	مصيدة

| colher (cogumelos, bagas) | ʒamaʻ | جمع |
| perder-se (vp) | tāh | تاه |

84. Recursos naturais

recursos (m pl) naturais	θarawāt ṭabīʻiyya (pl)	ثروات طبيعيّة
minerais (m pl)	maʻādin (pl)	معادن
depósitos (m pl)	makāmin (pl)	مكامن
jazida (f)	ḥaql (m)	حقل

extrair (vt)	istaxraʒ	إستخرج
extração (f)	istixrāʒ (m)	إستخراج
minério (m)	xām (m)	خام
mina (f)	manʒam (m)	منجم
poço (m) de mina	manʒam (m)	منجم
mineiro (m)	ʻāmil manʒam (m)	عامل منجم

| gás (m) | ɣāz (m) | غاز |
| gasoduto (m) | xaṭṭ anābīb ɣāz (m) | خط أنابيب غاز |

petróleo (m)	nafṭ (m)	نفط
oleoduto (m)	anābīb an nafṭ (pl)	أنابيب النفط
poço (m) de petróleo	bi'r an nafṭ (m)	بئر النفط
torre (f) petrolífera	ḥaffāra (f)	حفّارة
petroleiro (m)	nāqilat an nafṭ (f)	ناقلة النفط

areia (f)	raml (m)	رمل
calcário (m)	ḥaʒar kalsiy (m)	حجر كلسيّ
cascalho (m)	ḥaṣa (m)	حصى
turfa (f)	xaθθ faḥm nabātiy (m)	خثّ فحم نباتيّ
argila (f)	ṭīn (m)	طين
carvão (m)	faḥm (m)	فحم

ferro (m)	ḥadīd (m)	حديد
ouro (m)	ðahab (m)	ذهب
prata (f)	fiḍḍa (f)	فضّة
níquel (m)	nikil (m)	نيكل
cobre (m)	nuḥās (m)	نحاس

zinco (m)	zink (m)	زنك
manganês (m)	manɣanīz (m)	منغنيز
mercúrio (m)	zi'baq (m)	زئبق
chumbo (m)	ruṣāṣ (m)	رصاص

mineral (m)	ma'dan (m)	معدن
cristal (m)	ballūra (f)	بلّورة
mármore (m)	ruχām (m)	رخام
urânio (m)	yurānuim (m)	يورانيوم

85. Tempo

tempo (m)	ṭaqs (m)	طقس
previsão (f) do tempo	naʃra ʒawwiyya (f)	نشرة جوّيّة
temperatura (f)	ḥarāra (f)	حرارة
termómetro (m)	tirmūmitr (m)	ترمومتر
barómetro (m)	barūmitr (m)	بارومتر
húmido	raṭib	رطب
humidade (f)	ruṭūba (f)	رطوبة
calor (m)	ḥarāra (f)	حرارة
cálido	ḥārr	حارّ
está muito calor	al ʒaww ḥārr	الجوّ حارّ
está calor	al ʒaww dāfi'	الجوّ دافئ
quente	dāfi'	دافئ
está frio	al ʒaww bārid	الجوّ بارد
frio	bārid	بارد
sol (m)	ʃams (f)	شمس
brilhar (vi)	aḍā'	أضاء
de sol, ensolarado	muʃmis	مشمس
nascer (vi)	ʃaraq	شرق
pôr-se (vp)	ɣarab	غرب
nuvem (f)	saḥāba (f)	سحابة
nublado	ɣā'im	غائم
nuvem (f) negra	saḥābat maṭar (f)	سحابة مطر
escuro, cinzento	ɣā'im	غائم
chuva (f)	maṭar (m)	مطر
está a chover	innaha tamṭur	إنّها تمطر
chuvoso	mumṭir	ممطر
chuviscar (vi)	raðð	رذّ
chuva (f) torrencial	maṭar munhamir (f)	مطر منهمر
chuvada (f)	maṭar ɣazīr (m)	مطر غزير
forte (chuva)	ʃadīd	شديد
poça (f)	birka (f)	بركة
molhar-se (vp)	ibtall	إبتلّ
nevoeiro (m)	ḍabāb (m)	ضباب
de nevoeiro	muḍabbab	مضبّب
neve (f)	θalʒ (m)	ثلج
está a nevar	innaha taθluʒ	إنّها تثلج

86. Tempo extremo. Catástrofes naturais

trovoada (f)	'āṣifa ra'diyya (f)	عاصفة رعديّة
relâmpago (m)	barq (m)	برق
relampejar (vi)	baraq	برق
trovão (m)	ra'd (m)	رعد
trovejar (vi)	ra'ad	رعد
está a trovejar	tar'ad as samā'	ترعد السماء
granizo (m)	maṭar bard (m)	مطر برد
está a cair granizo	tamṭur as samā' bardan	تمطر السماء بردًا
inundar (vt)	ɣamar	غمر
inundação (f)	fayaḍān (m)	فيضان
terremoto (m)	zilzāl (m)	زلزال
abalo, tremor (m)	hazza arḍiyya (f)	هزّة أرضيّة
epicentro (m)	markaz az zilzāl (m)	مركز الزلزال
erupção (f)	θawrān (m)	ثوران
lava (f)	ḥumam burkāniyya (pl)	حمم بركانيّة
turbilhão, tornado (m)	i'ṣār (m)	إعصار
tufão (m)	ṭūfān (m)	طوفان
furacão (m)	i'ṣār (m)	إعصار
tempestade (f)	'āṣifa (f)	عاصفة
tsunami (m)	tsunāmi (m)	تسونامي
ciclone (m)	i'ṣār (m)	إعصار
mau tempo (m)	ṭaqs sayyi' (m)	طقس سيّء
incêndio (m)	ḥarīq (m)	حريق
catástrofe (f)	kāriθa (f)	كارثة
meteorito (m)	ḥaʒar nayzakiy (m)	حجر نيزكيّ
avalanche (f)	inhiyār θalʒiy (m)	إنهيار ثلجيّ
deslizamento (f) de neve	inhiyār θalʒiy (m)	إنهيار ثلجيّ
nevasca (f)	'āṣifa θalʒiyya (f)	عاصفة ثلجيّة
tempestade (f) de neve	'āṣifa θalʒiyya (f)	عاصفة ثلجيّة

T&P BOOKS

FAUNA

T&P Books Publishing

87. Mamíferos. Predadores

predador (m)	ḥayawān muftaris (m)	حيوان مفترس
tigre (m)	namir (m)	نمر
leão (m)	asad (m)	أسد
lobo (m)	ði'b (m)	ذئب
raposa (f)	θa'lab (m)	ثعلب
jaguar (m)	namir amrīkiy (m)	نمر أمريكيّ
leopardo (m)	fahd (m)	فهد
chita (f)	namir ṣayyād (m)	نمر صيّاد
pantera (f)	namir aswad (m)	نمر أسود
puma (m)	būma (m)	بوما
leopardo-das-neves (m)	namir aθ θulūʒ (m)	نمر الثلوج
lince (m)	waʃaq (m)	وشق
coiote (m)	qayūṭ (m)	قيوط
chacal (m)	ibn 'āwa (m)	ابن آوى
hiena (f)	ḍabu' (m)	ضبع

88. Animais selvagens

animal (m)	ḥayawān (m)	حيوان
besta (f)	ḥayawān (m)	حيوان
esquilo (m)	sinʒāb (m)	سنجاب
ouriço (m)	qumfuð (m)	قنفذ
lebre (f)	arnab barriy (m)	أرنب برّيّ
coelho (m)	arnab (m)	أرنب
texugo (m)	ɣarīr (m)	غرير
guaxinim (m)	rākūn (m)	راكون
hamster (m)	qidād (m)	قداد
marmota (f)	marmuṭ (m)	مرموط
toupeira (f)	χuld (m)	خلد
rato (m)	fa'r (m)	فأر
ratazana (f)	ʒurað (m)	جرذ
morcego (m)	χuffāʃ (m)	خفّاش
arminho (m)	qāqum (m)	قاقم
zibelina (f)	sammūr (m)	سمّور
marta (f)	dalaq (m)	دلق

doninha (f)	ibn 'irs (m)	إبن عرس
vison (m)	mink (m)	منك
castor (m)	qundus (m)	قندس
lontra (f)	quḍā'a (f)	قضاعة
cavalo (m)	ḥiṣān (m)	حصان
alce (m) americano	mūz (m)	موظ
veado (m)	ayyil (m)	أيّل
camelo (m)	ʒamal (m)	جمل
bisão (m)	bisūn (m)	بيسون
auroque (m)	θawr barriy (m)	ثور بريّ
búfalo (m)	ʒāmūs (m)	جاموس
zebra (f)	ḥimār zarad (m)	حمار زرد
antílope (m)	ẓabiy (m)	ظبي
corça (f)	yaḥmūr (m)	يحمور
gamo (m)	ayyil asmar urubbiy (m)	أيّل أسمر أوروبيّ
camurça (f)	ʃamwāh (f)	شاموَاه
javali (m)	xinzīr barriy (m)	خنزير بريّ
baleia (f)	ḥūt (m)	حوت
foca (f)	fuqma (f)	فقمة
morsa (f)	faẓẓ (m)	فظّ
urso-marinho (m)	fuqmat al firā' (f)	فقمة الفراء
golfinho (m)	dilfīn (m)	دلفين
urso (m)	dubb (m)	دبّ
urso (m) branco	dubb quṭbiy (m)	دبّ قطبيّ
panda (m)	bānda (m)	باندا
macaco (em geral)	qird (m)	قرد
chimpanzé (m)	ʃimbanzi (m)	شيمبانزي
orangotango (m)	urangutān (m)	أورنغوتان
gorila (m)	ɣurīlla (f)	غوريلا
macaco (m)	qird al makāk (m)	قرد المكاك
gibão (m)	ʒibbūn (m)	جيبون
elefante (m)	fīl (m)	فيل
rinoceronte (m)	xartīt (m)	خرتيت
girafa (f)	zarāfa (f)	زرافة
hipopótamo (m)	faras an nahr (m)	فرس النهر
canguru (m)	kanɣar (m)	كنغر
coala (m)	kuala (m)	كوالا
mangusto (m)	nims (m)	نمس
chinchila (f)	ʃinʃīla (f)	شنشيلة
doninha-fedorenta (f)	ẓaribān (m)	ظربان
porco-espinho (m)	nīṣ (m)	نيص

89. Animais domésticos

gata (f)	qiṭṭa (f)	قطّة
gato (m) macho	ðakar al qiṭṭ (m)	ذكر القطّ
cão (m)	kalb (m)	كلب
cavalo (m)	ḥiṣān (m)	حصان
garanhão (m)	faḥl al xayl (m)	فحل الخيل
égua (f)	unθa al faras (f)	أنثى الفرس
vaca (f)	baqara (f)	بقرة
touro (m)	θawr (m)	ثور
boi (m)	θawr (m)	ثور
ovelha (f)	xarūf (f)	خروف
carneiro (m)	kabʃ (m)	كبش
cabra (f)	mā'iz (m)	ماعز
bode (m)	ðakar al mā'ið (m)	ذكر الماعز
burro (m)	ḥimār (m)	حمار
mula (f)	baɣl (m)	بغل
porco (m)	xinzīr (m)	خنزير
porquinho (m)	xannūṣ (m)	خنّوص
coelho (m)	arnab (m)	أرنب
galinha (f)	daʒāʒa (f)	دجاجة
galo (m)	dīk (m)	ديك
pato (m), pata (f)	baṭṭa (f)	بطّة
pato (macho)	ðakar al baṭṭ (m)	ذكر البطّ
ganso (m)	iwazza (f)	إوزّة
peru (m)	dīk rūmiy (m)	ديك رومي
perua (f)	daʒāʒ rūmiy (m)	دجاج رومي
animais (m pl) domésticos	ḥayawānāt dawāʒin (pl)	حيوانات دواجن
domesticado	alīf	أليف
domesticar (vt)	allaf	ألّف
criar (vt)	rabba	ربّى
quinta (f)	mazra'a (f)	مزرعة
aves (f pl) domésticas	ṭuyūr dāʒina (pl)	طيور داجنة
gado (m)	māʃiya (f)	ماشية
rebanho (m), manada (f)	qaṭī' (m)	قطيع
estábulo (m)	isṭabl xayl (m)	إسطبل خيل
pocilga (f)	ḥaẓīrat al xanāzīr (f)	حظيرة الخنازير
vacaria (m)	zirībat al baqar (f)	زريبة البقر
coelheira (f)	qunn al arānib (m)	قنّ الأرانب
galinheiro (m)	qunn ad daʒāʒ (m)	قن الدجاج

90. Pássaros

pássaro, ave (m)	ṭā'ir (m)	طائر
pombo (m)	ḥamāma (f)	حمامة
pardal (m)	'uṣfūr (m)	عصفور
chapim-real (m)	qurquf (m)	قرقف
pega-rabuda (f)	'aq'aq (m)	عقعق
corvo (m)	ɣurāb aswad (m)	غراب أسود
gralha (f) cinzenta	ɣurāb (m)	غراب
gralha-de-nuca-cinzenta (f)	zāɣ (m)	زاغ
gralha-calva (f)	ɣurāb al qayẓ (m)	غراب القيظ
pato (m)	baṭṭa (f)	بطّة
ganso (m)	iwazza (f)	إوزّة
faisão (m)	tadarruȝ (m)	تدرج
águia (f)	nasr (m)	نسر
açor (m)	bāz (m)	باز
falcão (m)	ṣaqr (m)	صقر
abutre (m)	raɣam (m)	رخم
condor (m)	kundūr (m)	كندور
cisne (m)	timma (m)	تمّة
grou (m)	kurkiy (m)	كركي
cegonha (f)	laqlaq (m)	لقلق
papagaio (m)	babaɣā' (m)	ببغاء
beija-flor (m)	ṭannān (m)	طنّان
pavão (m)	ṭāwūs (m)	طاووس
avestruz (f)	na'āma (f)	نعامة
garça (f)	balaʃūn (m)	بلشون
flamingo (m)	nuḥām wardiy (m)	نحام وردي
pelicano (m)	baȝa'a (f)	بجعة
rouxinol (m)	bulbul (m)	بلبل
andorinha (f)	sunūnū (m)	سنونو
tordo-zornal (m)	sumna (m)	سمنة
tordo-músico (m)	summuna muɣarrida (m)	سمنة مغرّدة
melro-preto (m)	ʃaḥrūr aswad (m)	شحرور أسود
andorinhão (m)	samāma (m)	سمامة
cotovia (f)	qubbara (f)	قبّرة
codorna (f)	sammān (m)	سمّان
pica-pau (m)	naqqār al ɣaʃab (m)	نقّار الخشب
cuco (m)	waqwāq (m)	وقواق
coruja (f)	būma (f)	بومة
corujão, bufo (m)	būm urāsiy (m)	بوم أوراسي

tetraz-grande (m)	dīk il χalanӡ (m)	ديك الخلنج
tetraz-lira (m)	ṭayhūӡ aswad (m)	طيهوج أسود
perdiz-cinzenta (f)	ḥaӡal (m)	حجل

estorninho (m)	zurzūr (m)	زرزور
canário (m)	kanāriy (m)	كناري
galinha-do-mato (f)	ṭayhūӡ il bunduq (m)	طيهوج البندق
tentilhão (m)	ʃurʃūr (m)	شرشور
dom-fafe (m)	diχnāʃ (m)	دغناش

gaivota (f)	nawras (m)	نورس
albatroz (m)	al qaṭras (m)	القطرس
pinguim (m)	biṭrīq (m)	بطريق

91. Peixes. Animais marinhos

brema (f)	abramīs (m)	أبراميس
carpa (f)	ʃabbūṭ (m)	شبّوط
perca (f)	farχ (m)	فرخ
siluro (m)	qarmūṭ (m)	قرموط
lúcio (m)	samak al karāki (m)	سمك الكراكي

| salmão (m) | salmūn (m) | سلمون |
| esturjão (m) | ḥafʃ (m) | حفش |

arenque (m)	rinӡa (f)	رنجة
salmão (m)	salmūn aṭlasiy (m)	سلمون أطلسيّ
cavala (m), sarda (f)	usqumriy (m)	أسقمريّ
solha (f)	samak mufalṭaḥ (f)	سمك مفلطح

zander (m)	samak sandar (m)	سمك سندر
bacalhau (m)	qudd (m)	قدّ
atum (m)	tūna (f)	تونة
truta (f)	salmūn muraqqaṭ (m)	سلمون مرقّط

enguia (f)	ḥankalīs (m)	حنكليس
raia elétrica (f)	ra"ād (m)	رعّاد
moreia (f)	murāy (m)	موراي
piranha (f)	birāna (f)	بيرانا

tubarão (m)	qirʃ (m)	قرش
golfinho (m)	dilfīn (m)	دلفين
baleia (f)	ḥūt (m)	حوت

caranguejo (m)	salṭaʿūn (m)	سلطعون
medusa, alforreca (f)	qindīl al baḥr (m)	قنديل البحر
polvo (m)	uχṭubūṭ (m)	أخطبوط

| estrela-do-mar (f) | naӡmat al baḥr (f) | نجمة البحر |
| ouriço-do-mar (m) | qumfuð al baḥr (m) | قنفذ البحر |

cavalo-marinho (m)	ḥiṣān al baḥr (m)	فرس البحر
ostra (f)	maḥār (m)	محار
camarão (m)	ӡambari (m)	جمبري
lavagante (m)	istakūza (f)	إستكوزا
lagosta (f)	karkand ʃāik (m)	كركند شائك

92. Amfíbios. Répteis

serpente, cobra (f)	θuʿbān (m)	ثعبان
venenoso	sāmm	سامّ
víbora (f)	afʿa (f)	أفعى
cobra-capelo, naja (f)	kūbra (m)	كوبرا
piton (m)	biθūn (m)	بيثون
jiboia (f)	buwāʾ (f)	بواء
cobra-de-água (f)	θuʿbān al ʿuʃb (m)	ثعبان العشب
cascavel (f)	afʿa al ӡalӡala (f)	أفعى الجلجلة
anaconda (f)	anakūnda (f)	أناكوندا
lagarto (m)	siḥliyya (f)	سحليّة
iguana (f)	iɣwāna (f)	إغوانة
varano (m)	waral (m)	ورل
salamandra (f)	samandar (m)	سمندر
camaleão (m)	ḥirbāʾ (f)	حرباء
escorpião (m)	ʿaqrab (m)	عقرب
tartaruga (f)	sulaḥfāt (f)	سلحفاة
rã (f)	ḍifḍaʿ (m)	ضفدع
sapo (m)	ḍifḍaʿ aṭ ṭīn (m)	ضفدع الطين
crocodilo (m)	timsāḥ (m)	تمساح

93. Insetos

inseto (m)	ḥaʃara (f)	حشرة
borboleta (f)	farāʃa (f)	فراشة
formiga (f)	namla (f)	نملة
mosca (f)	ðubāba (f)	ذبابة
mosquito (m)	namūsa (f)	ناموسة
escaravelho (m)	χunfusa (f)	خنفسة
vespa (f)	dabbūr (m)	دبّور
abelha (f)	naḥla (f)	نحلة
zangão (m)	naḥla ṭannāna (f)	نحلة طنّانة
moscardo (m)	naʿra (f)	نعرة
aranha (f)	ʿankabūt (m)	عنكبوت
teia (f) de aranha	nasīӡ ʿankabūt (m)	نسيج عنكبوت

libélula (f)	ya'sūb (m)	يعسوب
gafanhoto-do-campo (m)	ȝarād (m)	جراد
traça (f)	'itta (f)	عتّة
barata (f)	ṣurṣūr (m)	صرصور
carraça (f)	qurāda (f)	قرادة
pulga (f)	burɣūθ (m)	برغوث
borrachudo (m)	ba'ūḍa (f)	بعوضة
gafanhoto (m)	ȝarād (m)	جراد
caracol (m)	ḥalzūn (m)	حلزون
grilo (m)	ṣarrār al layl (m)	صرّار الليل
pirilampo (m)	yarā'a muḑī'a (f)	يراعة مضيئة
joaninha (f)	da'sūqa (f)	دعسوقة
besouro (m)	ɣunfusa kabīra (f)	خنفسة كبيرة
sanguessuga (f)	'alaqa (f)	علقة
lagarta (f)	yasrū' (m)	يسروع
minhoca (f)	dūda (f)	دودة
larva (f)	yaraqa (f)	يرقة

FLORA

T&P Books Publishing

94. Árvores

árvore (f)	ʃaʒara (f)	شجرة
decídua	nafḍiyya	نفضيّة
conífera	ṣanawbariyya	صنوبريّة
perene	dāʾimat al xuḍra	دائمة الخضرة
macieira (f)	ʃaʒarat tuffāḥ (f)	شجرة تفّاح
pereira (f)	ʃaʒarat kummaθra (f)	شجرة كمّثرى
cerejeira, ginjeira (f)	ʃaʒarat karaz (f)	شجرة كرز
ameixeira (f)	ʃaʒarat barqūq (f)	شجرة برقوق
bétula (f)	batūla (f)	بتولا
carvalho (m)	ballūṭ (f)	بلّوط
tília (f)	ʃaʒarat zayzafūn (f)	شجرة زيزفون
choupo-tremedor (m)	ḥawr raʒrāʒ (m)	حور رجراج
bordo (m)	qayqab (f)	قيقب
espruce-europeu (m)	ratinaʒ (f)	راتينج
pinheiro (m)	ṣanawbar (f)	صنوبر
alerce, lariço (m)	arziyya (f)	أرزيّة
abeto (m)	tannūb (f)	تنّوب
cedro (m)	arz (f)	أرز
choupo, álamo (m)	ḥawr (f)	حور
tramazeira (f)	ɣubayrāʾ (f)	غبيراء
salgueiro (m)	ṣafṣāf (f)	صفصاف
amieiro (m)	ʒār il māʾ (m)	جار الماء
faia (f)	zān (m)	زان
ulmeiro (m)	dardār (f)	دردار
freixo (m)	marān (f)	مران
castanheiro (m)	kastanāʾ (f)	كستناء
magnólia (f)	maɣnūliya (f)	مغنوليا
palmeira (f)	naxla (f)	نخلة
cipreste (m)	sarw (f)	سرو
mangue (m)	ayka sāḥiliyya (f)	أيكة ساحليّة
embondeiro, baobá (m)	bāubāb (f)	باوباب
eucalipto (m)	ukaliptus (f)	أوكاليبتوس
sequoia (f)	siqūya (f)	سيكويا

95. Arbustos

arbusto (m)	ʃuʒayra (f)	شجيرة
arbusto (m), moita (f)	ʃuʒayrāt (pl)	شجيرات
videira (f)	karma (f)	كرمة
vinhedo (m)	karam (m)	كرم
framboeseira (f)	tūt al ʻullayq al aḥmar (m)	توت العلّيق الأحمر
groselheira-vermelha (f)	kiʃmiʃ aḥmar (m)	كشمش أحمر
groselheira (f) espinhosa	ʻinab aθ θaʻlab (m)	عنب الثعلب
acácia (f)	sanṭ (f)	سنط
bérberis (f)	amīr barīs (m)	أمير باريس
jasmim (m)	yāsmīn (m)	ياسمين
junípero (m)	ʻarʻar (m)	عرعر
roseira (f)	ʃuʒayrat ward (f)	شجيرة ورد
roseira (f) brava	ward ʒabaliy (m)	ورد جبليّ

96. Frutos. Bagas

fruta (f)	θamra (f)	ثمرة
frutas (f pl)	θamr (m)	ثمر
maçã (f)	tuffāḥa (f)	تفّاحة
pera (f)	kummaθra (f)	كمّثرى
ameixa (f)	barqūq (m)	برقوق
morango (m)	farawla (f)	فراولة
ginja, cereja (f)	karaz (m)	كرز
uva (f)	ʻinab (m)	عنب
framboesa (f)	tūt al ʻullayq al aḥmar (m)	توت العلّيق الأحمر
groselha (f) preta	ʻinab aθ θaʻlab al aswad	عنب الثعلب الأسود
groselha (f) vermelha	kiʃmiʃ aḥmar (m)	كشمش أحمر
groselha (f) espinhosa	ʻinab aθ θaʻlab (m)	عنب الثعلب
oxicoco (m)	tūt aḥmar barriy (m)	توت أحمر برّيّ
laranja (f)	burtuqāl (m)	برتقال
tangerina (f)	yūsufiy (m)	يوسفي
ananás (m)	ananās (m)	أناناس
banana (f)	mawz (m)	موز
tâmara (f)	tamr (m)	تمر
limão (m)	laymūn (m)	ليمون
damasco (m)	miʃmiʃ (f)	مشمش
pêssego (m)	durrāq (m)	دراق
kiwi (m)	kiwi (m)	كيوي

toranja (f)	zinbā' (m)	زنباع
baga (f)	ḥabba (f)	حبّة
bagas (f pl)	ḥabbāt (pl)	حبّات
arando (m) vermelho	'inab aθ θawr (m)	عنب الثور
morango-silvestre (m)	farāwla barriyya (f)	فراولة برّية
mirtilo (m)	'inab al aḥrāʒ (m)	عنب الأحراج

97. Flores. Plantas

flor (f)	zahra (f)	زهرة
ramo (m) de flores	bāqat zuhūr (f)	باقة زهور
rosa (f)	warda (f)	وردة
tulipa (f)	tulīb (f)	توليب
cravo (m)	qurumful (m)	قرنفل
gladíolo (m)	dalbūθ (f)	دلبوث
centáurea (f)	turunʃāh (m)	ترنشاه
campânula (f)	ʒarīs (m)	جريس
dente-de-leão (m)	hindibāʼ (f)	هندباء
camomila (f)	babunʒ (m)	بابونج
aloé (m)	aluwwa (m)	ألوّة
cato (m)	ṣabbār (m)	صبّار
fícus (m)	tīn (m)	تين
lírio (m)	sawsan (m)	سوسن
gerânio (m)	ibrat ar rā'i (f)	إبرة الراعي
jacinto (m)	zanbaq (f)	زنبق
mimosa (f)	mimūza (f)	ميموزا
narciso (m)	narʒis (f)	نرجس
capuchinha (f)	abu xanʒar (f)	أبو خنجر
orquídea (f)	saḥlab (f)	سحلب
peónia (f)	fawniya (f)	فاوانيا
violeta (f)	banafsaʒ (f)	بنفسج
amor-perfeito (m)	banafsaʒ muθallaθ (m)	بنفسج مثلّث
não-me-esqueças (m)	ʼāðān al fa'r (pl)	آذان الفأر
margarida (f)	uqḥuwān (f)	أقحوان
papoula (f)	xaʃxāʃ (f)	خشخاش
cânhamo (m)	qinnab (m)	قنب
hortelã (f)	na'nā' (m)	نعناع
lírio-do-vale (m)	sawsan al wādi (m)	سوسن الوادي
campânula-branca (f)	zahrat al laban (f)	زهرة اللبن
urtiga (f)	qarrāṣ (m)	قرّاص
azeda (f)	ḥammāḍ (m)	حمّاض

nenúfar (m)	nilūfar (m)	نيلوفر
feto (m), samambaia (f)	saraxs (m)	سرخس
líquen (m)	uʃna (f)	أشنة
estufa (f)	daffʼa (f)	دفيئة
relvado (m)	ʿuʃb (m)	عشب
canteiro (m) de flores	ʒunaynat zuhūr (f)	جنينة زهور
planta (f)	nabāt (m)	نبات
erva (f)	ʿuʃb (m)	عشب
folha (f) de erva	ʿuʃba (f)	عشبة
folha (f)	waraqa (f)	ورقة
pétala (f)	waraqat az zahra (f)	ورقة الزهرة
talo (m)	sāq (f)	ساق
tubérculo (m)	darnat nabāt (f)	درنة نبات
broto, rebento (m)	nabta sayīra (f)	نبتة صغيرة
espinho (m)	ʃawka (f)	شوكة
florescer (vi)	nawwar	نوّر
murchar (vi)	ðabal	ذبل
cheiro (m)	rāʼiḥa (f)	رائحة
cortar (flores)	qaṭaʿ	قطع
colher (uma flor)	qaṭaf	قطف

98. Cereais, grãos

grão (m)	ḥubūb (pl)	حبوب
cereais (plantas)	maḥāṣīl al ḥubūb (pl)	محاصيل الحبوب
espiga (f)	sumbula (f)	سنبلة
trigo (m)	qamḥ (m)	قمح
centeio (m)	ʒāwdār (m)	جاودار
aveia (f)	ʃūfān (m)	شوفان
milho-miúdo (m)	duxn (m)	دخن
cevada (f)	ʃaʿīr (m)	شعير
milho (m)	ðura (f)	ذرّة
arroz (m)	urz (m)	أرز
trigo-sarraceno (m)	ḥinṭa sawdāʼ (f)	حنطة سوداء
ervilha (f)	bisilla (f)	بسلّة
feijão (m)	faṣūliya (f)	فاصوليا
soja (f)	fūl aṣ ṣūya (m)	فول الصويا
lentilha (f)	ʿadas (m)	عدس
fava (f)	fūl (m)	فول

PAÍSES DO MUNDO

T&P Books Publishing

Afeganistão (m)	afɣanistān (f)	أفغانستان
África do Sul (f)	ʒumhūriyyat afrīqiya al ʒanūbiyya (f)	جمهريّة أفريقيا الجنويّة
Albânia (f)	albāniya (f)	ألبانيا
Alemanha (f)	almāniya (f)	ألمانيا
Arábia (f) Saudita	as saʿūdiyya (f)	السعوديّة
Argentina (f)	arʒantīn (f)	الأرجنتين
Arménia (f)	armīniya (f)	أرمينيا
Austrália (f)	usturāliya (f)	أستراليا
Áustria (f)	an nimsa (f)	النمسا
Azerbaijão (m)	aðarbiʒān (m)	أذربيجان
Bahamas (f pl)	ʒuzur bahāmas (pl)	جزر باهاماس
Bangladesh (m)	banʒladīʃ (f)	بنجلاديش
Bélgica (f)	balʒīka (f)	بلجيكا
Bielorrússia (f)	bilarūs (f)	بيلاروس
Bolívia (f)	bulīviya (f)	بوليفيا
Bósnia e Herzegovina (f)	al busna wal hirsuk (f)	البسنة والهرسك
Brasil (m)	al brazīl (f)	البرازيل
Bulgária (f)	bulɣāriya (f)	بلغاريا
Camboja (f)	kambūdya (f)	كمبوديا
Canadá (m)	kanada (f)	كندا
Cazaquistão (m)	kazaxstān (f)	كازاخستان
Chile (m)	tʃīli (f)	تشيلي
China (f)	aṣ ṣīn (f)	الصين
Chipre (m)	qubruṣ (f)	قبرص
Colômbia (f)	kulumbiya (f)	كولمبيا
Coreia do Norte (f)	kūria aʃ ʃimāliyya (f)	كوريا الشماليّة
Coreia do Sul (f)	kuriya al ʒanūbiyya (f)	كوريا الجنويّة
Croácia (f)	kruātiya (f)	كرواتيا
Cuba (f)	kūba (f)	كوبا
Dinamarca (f)	ad danimārk (f)	الدانمارك
Egito (m)	miṣr (f)	مصر
Emirados Árabes Unidos	al imārāt al ʿarabiyya al muttaḥida (pl)	الإمارات العربيّة المتّحدة
Equador (m)	al iqwadūr (f)	الإكوادور
Escócia (f)	iskutlanda (f)	اسكتلندا
Eslováquia (f)	sluvākiya (f)	سلوفاكيا
Eslovénia (f)	sluvīniya (f)	سلوفينيا
Espanha (f)	isbāniya (f)	إسبانيا

| Estados Unidos da América | al wilāyāt al muttaḥida al amrīkiyya (pl) | الولايات المتّحدة الأمريكيّة |
| Estónia (f) | istūniya (f) | إستونيا |

100. Países. Parte 2

Finlândia (f)	finlanda (f)	فنلندا
França (f)	faransa (f)	فرنسا
Gana (f)	ɣāna (f)	غانا
Geórgia (f)	ʒūrʒiya (f)	جورجيا
Grã-Bretanha (f)	briṭāniya al ʿuẓma (f)	بريطانيا العظمى
Grécia (f)	al yūnān (f)	اليونان
Haiti (m)	haīti (f)	هايتي

Hungria (f)	al maʒar (f)	المجر
Índia (f)	al hind (f)	الهند
Indonésia (f)	indunīsiya (f)	إندونيسيا
Inglaterra (f)	inʒiltirra (f)	إنجلترًا
Irão (m)	ʾīrān (f)	إيران
Iraque (m)	al ʿirāq (m)	العراق
Irlanda (f)	irlanda (f)	أيرلندا
Islândia (f)	ʾāyslanda (f)	آيسلندا

Israel (m)	isrāʾīl (f)	إسرائيل
Itália (f)	iṭāliya (f)	إيطاليا
Jamaica (f)	ʒamāyka (f)	جامايكا
Japão (m)	al yabān (f)	اليابان
Jordânia (f)	al urdun (m)	الأردن
Kuwait (m)	al kuwayt (f)	الكويت
Laos (m)	lawus (f)	لاوس

Letónia (f)	lātviya (f)	لاتفيا
Líbano (m)	lubnān (f)	لبنان
Líbia (f)	lībiya (f)	ليبيا
Liechtenstein (m)	liʃtinʃtāyn (m)	ليشتنشتاين
Lituânia (f)	litwāniya (f)	ليتوانيا
Luxemburgo (m)	luksimburɣ (f)	لوكسمبورغ
Macedónia (f)	maqdūniya (f)	مقدونيا
Madagáscar (m)	madaɣaʃqar (f)	مدغشقر

Malásia (f)	malīziya (f)	ماليزيا
Malta (f)	malṭa (f)	مالطا
Marrocos	al maɣrib (m)	المغرب
México (m)	al maksīk (f)	المكسيك
Mianmar, Birmânia	myanmār (f)	ميانمار
Moldávia (f)	muldāviya (f)	مولدافيا
Mónaco (m)	munāku (f)	موناكو

| Mongólia (f) | manɣūliya (f) | منغوليا |
| Montenegro (m) | al ʒabal al aswad (m) | الجبل الأسود |

Namíbia (f)	namībiya (f)	ناميبيا
Nepal (m)	nibāl (f)	نيبال
Noruega (f)	an nirwīʒ (f)	النرويج
Nova Zelândia (f)	nyu zilanda (f)	نيوزيلندا

101. Países. Parte 3

Países (m pl) Baixos	hulanda (f)	هولندا
Palestina (f)	filisṭīn (f)	فلسطين
Panamá (m)	banama (f)	بنما
Paquistão (m)	bakistān (f)	باكستان
Paraguai (m)	baraɣwāy (f)	باراغواي
Peru (m)	biru (f)	بيرو
Polinésia Francesa (f)	bulinīziya al faransiyya (f)	بولينزيا الفرنسيّة

Polónia (f)	bulanda (f)	بولندا
Portugal (m)	al burtuɣāl (f)	البرتغال
Quénia (f)	kiniya (f)	كينيا
Quirguizistão (m)	qirɣizistān (f)	قيرغيزستان
República (f) Checa	atʃ tʃīk (f)	التشيك
República (f) Dominicana	ʒumhūriyyat ad duminikan (f)	جمهوريّة الدومينيكان
Roménia (f)	rumāniya (f)	رومانيا
Rússia (f)	rūsiya (f)	روسيا

Senegal (m)	as siniɣāl (f)	السنغال
Sérvia (f)	ṣirbiya (f)	صربيا
Síria (f)	sūriya (f)	سوريا
Suécia (f)	as suwayd (f)	السويد
Suíça (f)	swīsra (f)	سويسرا
Suriname (m)	surinām (f)	سورينام
Tailândia (f)	taylānd (f)	تايلاند

Taiwan (m)	taywān (f)	تايوان
Tajiquistão (m)	ṭaʒīkistān (f)	طاجيكستان
Tanzânia (f)	tanzāniya (f)	تنزانيا
Tasmânia (f)	tasmāniya (f)	تاسمانيا
Tunísia (f)	tūnis (f)	تونس
Turquemenistão (m)	turkmānistān (f)	تركمانستان
Turquia (f)	turkiya (f)	تركيا
Ucrânia (f)	ukrāniya (f)	أوكرانيا

Uruguai (m)	uruɣwāy (f)	الأوروغواي
Uzbequistão (f)	uzbikistān (f)	أوزيكستان
Vaticano (m)	al vatikān (m)	الفاتيكان
Venezuela (f)	vinizwiyla (f)	فنزويلا
Vietname (m)	vitnām (f)	فيتنام
Zanzibar (m)	zanʒibār (f)	زنجبار

DICIONÁRIO
GASTRONÔMICO

Esta secção contém uma
série de palavras e termos
associados aos alimentos.
Este dicionário fará com
que seja mais fácil para si
entender o menu num
restaurante e escolher o
prato certo

T&P Books Publishing

Português-Árabe dicionário gastronômico

Português	Transliteração	العربية
água (f)	mā' (m)	ماء
água (f) mineral	mā' ma'daniy (m)	ماء معدنيّ
água (f) potável	mā' ʃurb (m)	ماء شرب
óleo (m)	zayt (m)	زيت
óleo (m) de girassol	zayt 'abīd aʃ ʃams (m)	زيت عبيد الشمس
açúcar (m)	sukkar (m)	سكّر
açafrão (m)	za'farān (m)	زعفران
abóbora (f)	qar' (m)	قرع
abacate (m)	avukādu (f)	افوكاتو
abre-latas (m)	fattāḥa (f)	فتّاحة
abridor (m) de garrafas	fattāḥa (f)	فتّاحة
agário-das-moscas (m)	fuṭr amānīt aṭ ṭā'ir as sāmm (m)	فطر أمانيت الطائر السامّ
aipo (m)	karafs (m)	كرفس
alcachofra (f)	χurʃūf (m)	خرشوف
alface (f)	χass (m)	خسّ
alho (m)	θūm (m)	ثوم
almoço (m)	yadā' (m)	غداء
amêndoa (f)	lawz (m)	لوز
amargo	murr	مرّ
ameixa (f)	barqūq (m)	برقوق
amendoim (m)	fūl sudāniy (m)	فول سودانيّ
amora silvestre (f)	θamar al 'ullayk (m)	ثمر العليّق
ananás (m)	ananās (m)	أناناس
anis (m)	yānsūn (m)	يانسون
aperitivo (m)	ʃarāb (m)	شراب
apetite (m)	ʃahiyya (f)	شهيّة
arando (m) vermelho	'inab aθ θawr (m)	عنب الثور
arenque (m)	rinʒa (f)	رنجة
arroz (m)	urz (m)	أرز
atum (m)	tūna (f)	تونة
aveia (f)	ʃūfān (m)	شوفان
avelã (f)	bunduq (m)	بندق
azeite (m)	zayt az zaytūn (m)	زيت الزيتون
azeitonas (f pl)	zaytūn (m)	زيتون
bacalhau (m)	samak al qudd (m)	سمك القدّ
bacon (m)	bikūn (m)	بيكون
baga (f)	ḥabba (f)	حبّة
bagas (f pl)	ḥabbāt (pl)	حبّات
banana (f)	mawz (m)	موز
bar (m)	bār (m)	بار
barman (m)	bārman (m)	بارمان
batata (f)	baṭāṭis (f)	بطاطس
batido (m) de leite	milk ʃiyk (m)	ميلك شيك

bebida (f) sem álcool	maʃrūb ɣāziy (m)	مشروب غازي
bebidas (f pl) alcoólicas	maʃrūbāt kuḥūliyya (pl)	مشروبات كحولية
beringela (f)	bātinȝān (m)	باذنجان
beterraba (f)	banȝar (m)	بنجر
bife (m)	biftīk (m)	بفتيك
bocado, pedaço (m)	qiṭ'a (f)	قطعة
bolacha (f)	baskawīt (m)	بسكويت
boleto (m) áspero	fuṭr aḥmar (m)	فطر أحمر
boleto (m) castanho	fuṭr bulīṭ (m)	فطر بوليط
bolo (m)	ka'k (m)	كعك
bolo (m) de aniversário	tūrta (f)	تورتة
Bom apetite!	hanī'an marī'an!	!هنيئًا مريئًا
brócolos (m pl)	brukuli (m)	بركولي
brema (f)	abramīs (m)	أبراميس
caça (f)	ṣayd (m)	صيد
café (m)	qahwa (f)	قهوة
café (m) com leite	qahwa bil ḥalīb (f)	قهوة بالحليب
café (m) puro	qahwa sāda (f)	قهوة سادة
café (m) solúvel	niskafi (m)	نيسكافيه
caldo (m)	maraq (m)	مرق
caloria (f)	su'ra ḥarāriyya (f)	سعرة حرارية
camarão (m)	ȝambari (m)	جمبري
canela (f)	qirfa (f)	قرفة
cantarelo (m)	fuṭr kwīzi (m)	فطر كويزي
cappuccino (m)	kaputʃīnu (m)	كابتشينو
caranguejo (m)	salṭa'ūn (m)	سلطعون
carne (f)	laḥm (m)	لحم
carne (f) de carneiro	laḥm aḍ ḍa'n (m)	لحم الضأن
carne (f) de coelho	arnab (m)	أرنب
carne (f) de porco	laḥm al ẋinzīr (m)	لحم الخنزير
carne (f) de vaca	laḥm al baqar (m)	لحم البقر
carne (f) de vitela	laḥm il 'iȝl (m)	لحم العجل
carne (f) moída	ḥaʃwa (f)	حشوة
carpa (f)	ʃabbūṭ (m)	شبّوط
casca (f)	qiʃra (f)	قشرة
cavala (m), sarda (f)	usqumriy (m)	أسقمري
caviar (m)	kaviyār (m)	كافيار
cebola (f)	baṣal (m)	بصل
cenoura (f)	ȝazar (m)	جزر
centeio (m)	ȝāwdār (m)	جاودار
cepe-de-bordéus (m)	fuṭr bulīṭ ma'kūl (m)	فطر بوليط مأكول
cereais (m pl)	maḥāṣīl al ḥubūb (pl)	محاصيل الحبوب
cerveja (f)	bīra (f)	بيرة
cerveja (f) clara	bīra ẋafīfa (f)	بيرة خفيفة
cerveja (m) preta	bīra ɣāmiqa (f)	بيرة غامقة
cevada (f)	ʃa'īr (m)	شعير
chá (m)	ʃāy (m)	شاي
chá (m) preto	ʃāy aswad (m)	شاي أسود
chá (m) verde	ʃāy aẋḍar (m)	شاي أخضر
chávena (f)	finȝān (m)	فنجان
champanhe (m)	ʃambāniya (f)	شمبانيا
chocolate (m)	ʃukulāta (f)	شكولاتة

chouriço (m)	suȝuq (m)	سجق
cicuta (f) verde	fuṭr amānīt falusyāniy as sāmm (m)	فطر أمانيت فالوسياني السامّ
clara (f) do ovo	bayāḍ al bayḍ (m)	بياض البيض
coco (m)	ȝawz al hind (m)	جوز هند
coentro (m)	kuzbara (f)	كزبرة
cogumelo (m)	fuṭr (f)	فطر
cogumelo (m) comestível	fuṭr ṣāliḥ lil akl (m)	فطر صالح للأكل
cogumelo (m) venenoso	fuṭr sāmm (m)	فطر سامّ
colher (f)	milʿaqa (f)	ملعقة
colher (f) de chá	milʿaqat ʃāy (f)	ملعقة شاي
colher (f) de sopa	milʿaqa kabīra (f)	ملعقة كبيرة
com gás	bil ɣāz	بالغاز
com gelo	biθ θalȝ	بالثلج
comida (f)	akl (m)	أكل
cominho (m)	karāwiya (f)	كراوية
condimento (m)	tābil (m)	تابل
conduto (m)	ṭabaq ȝānibiy (m)	طبق جانبيّ
congelado	muȝammad	مجمّد
conhaque (m)	kunyāk (m)	كونياك
conservas (f pl)	muʿallabāt (pl)	معلبات
conta (f)	ḥisāb (m)	حساب
copo (m)	kubbāya (f)	كبّاية
coquetel (m)	kuktayl (m)	كوكتيل
couve (f)	kurumb (m)	كرنب
couve-de-bruxelas (f)	kurumb brūksil (m)	كرنب بروكسل
couve-flor (f)	qarnabīṭ (m)	قرنبيط
cozido	maslūq	مسلوق
cozinha (f)	maṭbaχ (m)	مطبخ
cravo (m)	qurumful (m)	قرنفل
creme (m)	krīmat zubda (f)	كريمة زبدة
creme (m) azedo	krīma ḥāmiḍa (f)	كريمة حامضة
curgete (f)	kūsa (f)	كوسة
damasco (m)	miʃmiʃ (f)	مشمش
de chocolate	biʃ ʃukulāṭa	بالشكولاتة
dieta (f)	ḥimya ɣaðāʾiyya (f)	حمية غذائية
doce (m)	murabba (m)	مربّى
doce (m)	murabba (m)	مربّى
doce, açucarado	musakkar	مسكّر
em vinagre	muχallil	مخلّل
ementa (f)	qāʾimat aṭ ṭaʿām (f)	قائمة طعام
empregada (f) de mesa	nādila (f)	نادلة
empregado (m) de mesa	nādil (m)	نادل
enguia (f)	ḥankalīs (m)	حنكليس
entrada (f)	muqabbilāt (pl)	مقبّلات
ervilha (f)	bisilla (f)	بسلّة
espaguete (m)	spaɣitti (m)	سباغيتي
espargo (m)	halyūn (m)	هليون
especiaria (f)	bahār (m)	بهار
espiga (f)	sumbula (f)	سنبلة
espinafre (m)	sabāniχ (m)	سبانخ
esturjão (m)	samak al ḥafʃ (m)	سمك الحفش

faca (f)	sikkīn (m)	سِكِّين
farinha (f)	daqīq (m)	دقيق
fatia (f)	ʃarīḥa (f)	شريحة
fava (f)	fūl (m)	فول
feijão (m)	faṣūliya (f)	فاصوليا
fiambre (f)	hām (m)	هام
figo (m)	tīn (m)	تين
flocos (m pl) de milho	kurn fliks (m)	كورن فليكس
folhas (f pl) de louro	awrāq al ɣār (pl)	أوراق الغار
framboesa (f)	tūt al ʻullayq al aḥmar (m)	توت العليق الأحمر
frio	bārid	بارد
frito	maqliy	مقليّ
fruta (f)	fākiha (f)	فاكهة
frutas (f pl)	θamr (m)	ثمر
fumado	mudaxxin	مدخَّن
funcho, endro (m)	ʃabat (m)	شبت
galinha (f)	daʒāʒ (m)	دجاج
ganso (m)	iwazza (f)	إوزّة
garfo (m)	ʃawka (f)	شوكة
gaseificada	mukarban	مكربن
gelado (m)	muθallaʒāt (pl)	مثلّجات
geleia (f) de frutas	marmalād (f)	مرملاد
gelo (m)	θalʒ (m)	ثلج
gema (f) do ovo	ṣafār al bayḍ (m)	صفار البيض
gengibre (m)	zanʒabīl (m)	زنجبيل
gim (m)	ʒīn (m)	جين
gorduras (f pl)	duhūn (pl)	دهون
gorjeta (f)	baqʃīʃ (m)	بقشيش
gostinho (m)	al maðāq al ʻāliq fil fam (m)	المذاق العالق فى الفم
gostoso	laðīð	لذيذ
grão (m)	ḥubūb (pl)	حبوب
grãos (m pl) de cereais	ḥubūb (pl)	حبوب
groselha (f) espinhosa	ʻinab aθ θaʻlab (m)	عنب الثعلب
groselha (f) preta	ʻinab aθ θaʻlab al aswad (m)	عنب الثعلب الأسود
groselha (f) vermelha	kiʃmiʃ aḥmar (m)	كشمش أحمر
halibute (m)	samak al halbūt (m)	سمك الهلبوت
hambúrguer (m)	hamburger (m)	هامبورجر
hidratos (m pl) de carbono	naʃawiyyāt (pl)	نشويّات
iogurte (m)	yūɣurt (m)	يوغورت
iscas (f pl)	kibda (f)	كبدة
jantar (m)	ʻaʃāʼ (m)	عشاء
kiwi (m)	kiwi (m)	كيوي
língua (f)	lisān (m)	لسان
lúcio (m)	samak al karāki (m)	سمك الكراكي
lagosta (f)	karkand ʃāik (m)	كركند شائك
laranja (f)	burtuqāl (m)	برتقال
legumes (m pl)	xuḍār (pl)	خضار
leite (m)	ḥalīb (m)	حليب
leite (m) condensado	ḥalīb mukaθθaf (m)	حليب مكثَّف
lentilha (f)	ʻadas (m)	عدس
licor (m)	liqiūr (m)	ليكيور

limão (m)	laymūn (m)	ليمون
limonada (f)	ʃarāb laymūn (m)	شراب ليمون
lista (f) de vinhos	qāʾimat al xumūr (f)	قائمة خمور
lula (f)	kalmāri (m)	كالماري
maçã (f)	tuffāḥa (f)	تفاحة
maionese (f)	mayunīz (m)	مايونيز
manga (f)	mangu (m)	مانجو
manjericão (m)	rīḥān (m)	ريحان
manteiga (f)	zubda (f)	زبدة
margarina (f)	marɣarīn (m)	مرغرين
marisco (m)	fawākih al baḥr (pl)	فواكه البحر
massas (f pl)	makarūna (f)	مكرونة
mel (m)	ʿasal (m)	عسل
melancia (f)	baṭṭīx aḥmar (m)	بطّيخ أحمر
meloa (f), melão (m)	baṭṭīx aṣfar (f)	بطّيخ أصفر
migalha (f)	futāta (f)	فتاتة
milho (m)	ðura (f)	ذرة
milho (m)	ðura (f)	ذرة
milho-miúdo (m)	duxn (m)	دخن
mirtilo (m)	ʿinab al aḥrāʒ (m)	عنب الأحراج
molho (m)	ṣalṣa (f)	صلصة
morango (m)	farawla (f)	فراولة
morango-silvestre (m)	farāwla barriyya (f)	فراولة برّية
morchela (f)	fuṭr al ɣūʃna (m)	فطر الغوشنة
mostarda (f)	ṣalṣat al xardal (f)	صلصة الخردل
nabo (m)	lift (m)	لفت
nata (f) do leite	krīma (f)	كريمة
noz (f)	ʿayn al ʒamal (f)	عين الجمل
omelete (f)	bayḍ maxfūq (m)	بيض مخفوق
ostra (f)	maḥār (m)	محار
ovo (m)	bayḍa (f)	بيضة
ovos (m pl)	bayḍ (m)	بيض
ovos (m pl) estrelados	bayḍ maqliy (m)	بيض مقليّ
oxicoco (m)	tūt aḥmar barriy (m)	توت أحمر برّيّ
páprica (f)	babrika (f)	بابريكا
pão (m)	xubz (m)	خبز
pêssego (m)	durrāq (m)	دراق
palito (m)	xallat asnān (f)	خلّة أسنان
papa (f)	ʿaṣīda (f)	عصيدة
papaia (f), mamão (m)	babāya (f)	بابايا
pastelaria (f)	ḥalawiyyāt (pl)	حلويّات
pastilha (f) elástica	ʿilk (m)	علك
patê (m)	maʿʒūn laḥm (m)	معجون لحم
pato (m)	baṭṭa (f)	بطّة
peixe (m)	samak (m)	سمك
pepino (m)	xiyār (m)	خيار
pequeno-almoço (m)	fuṭūr (m)	فطور
pera (f)	kummaθra (f)	كمّثرى
perca (f)	farx (m)	فرخ
peru (m)	daʒāʒ rūmiy (m)	دجاج رومي
pimentão (m)	filfil (m)	فلفل
pimenta (f) preta	filfil aswad (m)	فلفل أسود

pimenta (f) vermelha	filfil aḥmar (m)	فلفل أحمر
pires (m)	ṭabaq finʒān (m)	طبق فنجان
pistáchios (m pl)	fustuq (m)	فستق
pizza (f)	bītza (f)	بيتزا
porção (f)	waʒba (f)	وجبة
prato (m)	waʒba (f)	وجبة
prato (m)	ṭabaq (m)	طبق
presunto (m)	faχð χinzīr (m)	فخذ خنزير
proteínas (f pl)	brutināt (pl)	بروتينات
pudim (m)	būding (m)	بودنج
puré (m) de batata	harīs baṭāṭis (m)	هريس بطاطس
queijo (m)	ʒubna (f)	جبنة
quente	sāχin	ساخن
rússula (f)	fuṭr russūla (m)	فطر روسّولا
rabanete (m)	fiʒl (m)	فجل
raiz-forte (f)	fiʒl ḥārr (m)	فجل حارّ
rebuçado (m)	bumbūn (m)	بونبون
receita (f)	waṣfa (f)	وصفة
recheio (m)	ḥaʃwa (f)	حشوة
refresco (m)	maʃrūb muθallaʒ (m)	مشروب مثلّج
romã (f)	rummān (m)	رمان
rum (m)	rum (m)	رم
sésamo (m)	simsim (m)	سمسم
sabor, gosto (m)	ṭaˁm (m)	طعم
saca-rolhas (m)	barrīma (f)	بريمة
sal (m)	milḥ (m)	ملح
salada (f)	sulṭa (f)	سلطة
salgado	māliḥ	مالح
salmão (m)	salmūn (m)	سلمون
salmão (m)	salmūn aṭlasiy (m)	سلمون أطلسيَّ
salsa (f)	baqdūnis (m)	بقدونس
salsicha (f)	suʒuq (m)	سجق
sandes (f)	sandawitʃ (m)	ساندويتش
sardinha (f)	sardīn (m)	سردين
seco	muʒaffaf	مجفّف
sem álcool	bi dūn kuḥūl	بدون كحول
sem gás	bi dūn γāz	بدون غاز
siluro (m)	qarmūṭ (m)	قرموط
sobremesa (f)	ḥalawiyyāt (pl)	حلويّات
soja (f)	fūl aṣ ṣūya (m)	فول الصويا
solha (f)	samak mufalṭaḥ (f)	سمك مفلطح
sopa (f)	ʃūrba (f)	شورية
sumo (m)	ˁaṣīr (m)	عصير
sumo (m) de laranja	ˁaṣīr burtuqāl (m)	عصير برتقال
sumo (m) de tomate	ˁaṣīr ṭamāṭim (m)	عصير طماطم
sumo (m) fresco	ˁaṣīr ṭāziʒ (m)	عصير طازج
tâmara (f)	tamr (m)	تمر
taça (m) de vinho	ka's (f)	كأس
talharim (m)	nūdlis (f)	نودلز
tangerina (f)	yūsufiy (m)	يوسفي
tarte (f)	faṭīra (f)	فطيرة
tomate (m)	ṭamāṭim (f)	طماطم

toranja (f)	zinbā' (m)	زنباع
trigo (m)	qamḥ (m)	قمح
trigo-sarraceno (m)	ḥinṭa sawdā' (f)	حنطة سوداء
truta (f)	salmūn muraqqaṭ (m)	سلمون مرقّط
tubarão (m)	qirʃ (m)	قرش
uísque (m)	wiski (m)	وسكي
uva (f)	'inab (m)	عنب
uvas (f pl) passas	zabīb (m)	زبيب
vegetariano	nabātiy	نباتيّ
vegetariano (m)	nabātiy (m)	نباتيّ
verduras (f pl)	xuḍrawāt waraqiyya (pl)	خضروات ورقيّة
vermute (m)	virmut (m)	فيرموت
vinagre (m)	xall (m)	خلّ
vinho (m)	nabīð (f)	نبيذ
vinho (m) branco	nibīð abyaḍ (m)	نبيذ أبيض
vinho (m) tinto	nabīð aḥmar (m)	نبيذ أحمر
vitamina (f)	vitamīn (m)	فيتامين
vodca, vodka (f)	vudka (f)	فودكا
waffle (m)	wāfil (m)	وافل
zander (m)	samak sandar (m)	سمك سندر

طبق فنجان	ṭabaq finǧān (m)	pires (m)
كبّاية	kubbāya (f)	copo (m)
كأس	ka's (f)	taça (m) de vinho
لحم	laḥm (m)	carne (f)
دجاج	daǧāǧ (m)	galinha (f)
بطّة	baṭṭa (f)	pato (m)
إوزّة	iwazza (f)	ganso (m)
صيد	ṣayd (m)	caça (f)
دجاج رومي	daǧāǧ rūmiy (m)	peru (m)
لحم الخنزير	laḥm al xinzīr (m)	carne (f) de porco
لحم العجل	laḥm il 'iǧl (m)	carne (f) de vitela
لحم الضأن	laḥm aḍ ḍa'n (m)	carne (f) de carneiro
لحم البقر	laḥm al baqar (m)	carne (f) de vaca
أرنب	arnab (m)	carne (f) de coelho
سجق	suǧuq (m)	chouriço (m)
سجق	suǧuq (m)	salsicha (f)
بيكون	bikūn (m)	bacon (m)
هام	hām (m)	fiambre (f)
فخذ خنزير	faxð xinzīr (m)	presunto (m)
معجون لحم	ma'ǧūn laḥm (m)	patê (m)
كبدة	kibda (f)	iscas (f pl)
حشوة	ḥaʃwa (f)	carne (f) moída
لسان	lisān (m)	língua (f)
بيضة	bayḍa (f)	ovo (m)
بيض	bayḍ (m)	ovos (m pl)
بياض البيض	bayāḍ al bayḍ (m)	clara (f) do ovo
صفار البيض	ṣafār al bayḍ (m)	gema (f) do ovo
سمك	samak (m)	peixe (m)
فواكه البحر	fawākih al baḥr (pl)	marisco (m)
كافيار	kaviyār (m)	caviar (m)
سلطعون	salṭa'ūn (m)	caranguejo (m)
جمبري	ǧambari (m)	camarão (m)
محار	maḥār (m)	ostra (f)
كركند شائك	karkand ʃāik (m)	lagosta (f)
كالماري	kalmāri (m)	lula (f)
سمك الحفش	samak al ḥaʃʃ (m)	esturjão (m)
سلمون	salmūn (m)	salmão (m)
سمك الهلبوت	samak al halbūt (m)	halibute (m)
سمك القدّ	samak al qudd (m)	bacalhau (m)
أسقمري	usqumriy (m)	cavala (m), sarda (f)
تونة	tūna (f)	atum (m)
حنكليس	ḥankalīs (m)	enguia (f)
سلمون مرقّط	salmūn muraqqaṭ (m)	truta (f)
سردين	sardīn (m)	sardinha (f)

سمك الكراكي	samak al karāki (m)	lúcio (m)
رنجة	rinʒa (f)	arenque (m)
خبز	χubz (m)	pão (m)
جبنة	ʒubna (f)	queijo (m)
سكّر	sukkar (m)	açúcar (m)
ملح	milḥ (m)	sal (m)
أرز	urz (m)	arroz (m)
مكرونة	makarūna (f)	massas (f pl)
نودلز	nūdlis (f)	talharim (m)
زبدة	zubda (f)	manteiga (f)
زيت	zayt (m)	óleo (m)
زيت عبيد الشمس	zayt ‘abīd aʃ ʃams (m)	óleo (m) de girassol
مرغرين	marɣarīn (m)	margarina (f)
زيتون	zaytūn (m)	azeitonas (f pl)
زيت الزيتون	zayt az zaytūn (m)	azeite (m)
حليب	ḥalīb (m)	leite (m)
حليب مكثف	ḥalīb mukaθθaf (m)	leite (m) condensado
يوغورت	yūɣurt (m)	iogurte (m)
كريمة حامضة	krīma ḥāmiḍa (f)	creme (m) azedo
كريمة	krīma (f)	nata (f) do leite
مايونيز	mayunīz (m)	maionese (f)
كريمة زبدة	krīmat zubda (f)	creme (m)
حبوب	ḥubūb (pl)	grãos (m pl) de cereais
دقيق	daqīq (m)	farinha (f)
معلّبات	mu‘allabāt (pl)	conservas (f pl)
كورن فليكس	kurn fliks (m)	flocos (m pl) de milho
عسل	‘asal (m)	mel (m)
مربّى	murabba (m)	doce (m)
علك	‘ilk (m)	pastilha (f) elástica
ماء	mā’ (m)	água (f)
ماء شرب	mā’ ʃurb (m)	água (f) potável
ماء معدنيّ	mā’ ma‘daniy (m)	água (f) mineral
بدون غاز	bi dūn ɣāz	sem gás
مكربن	mukarban	gaseificada
بالغاز	bil ɣāz	com gás
ثلج	θalʒ (m)	gelo (m)
بالثلج	biθ θalʒ	com gelo
بدون كحول	bi dūn kuḥūl	sem álcool
مشروب غازي	maʃrūb ɣāziy (m)	bebida (f) sem álcool
مشروب مثلّج	maʃrūb muθallaʒ (m)	refresco (m)
شراب ليمون	ʃarāb laymūn (m)	limonada (f)
مشروبات كحوليّة	maʃrūbāt kuḥūliyya (pl)	bebidas (f pl) alcoólicas
نبيذ	nabīð (f)	vinho (m)
نبيذ أبيض	nibīð abyaḍ (m)	vinho (m) branco
نبيذ أحمر	nabīð aḥmar (m)	vinho (m) tinto
ليكيور	liqiūr (m)	licor (m)
شمبانيا	ʃambāniya (f)	champanhe (m)
فيرموث	virmut (m)	vermute (m)
وسكي	wiski (m)	uísque (m)
فودكا	vudka (f)	vodca, vodka (f)
جين	ʒīn (m)	gim (m)
كونياك	kunyāk (m)	conhaque (m)

رم	rum (m)	rum (m)
قهوة	qahwa (f)	café (m)
قهوة سادة	qahwa sāda (f)	café (m) puro
قهوة بالحليب	qahwa bil ḥalīb (f)	café (m) com leite
كابتشينو	kaputʃīnu (m)	cappuccino (m)
نيسكافيه	niskafi (m)	café (m) solúvel
كوكتيل	kuktayl (m)	coquetel (m)
ميلك شيك	milk ʃiyk (m)	batido (m) de leite
عصير	ʿaṣīr (m)	sumo (m)
عصير طماطم	ʿaṣīr ṭamāṭim (m)	sumo (m) de tomate
عصير برتقال	ʿaṣīr burtuqāl (m)	sumo (m) de laranja
عصير طازج	ʿaṣīr ṭāziʒ (m)	sumo (m) fresco
بيرة	bīra (f)	cerveja (f)
بيرة خفيفة	bīra χafīfa (f)	cerveja (f) clara
بيرة غامقة	bīra ɣāmiqa (f)	cerveja (m) preta
شاي	ʃāy (m)	chá (m)
شاي أسود	ʃāy aswad (m)	chá (m) preto
شاي أخضر	ʃāy aχḍar (m)	chá (m) verde
خضار	χuḍār (pl)	legumes (m pl)
خضروات ورقيّة	χuḍrawāt waraqiyya (pl)	verduras (f pl)
طماطم	ṭamāṭim (f)	tomate (m)
خيار	χiyār (m)	pepino (m)
جزر	ʒazar (m)	cenoura (f)
بطاطس	baṭāṭis (f)	batata (f)
بصل	baṣal (m)	cebola (f)
ثوم	θūm (m)	alho (m)
كرنب	kurumb (m)	couve (f)
قرنبيط	qarnabīṭ (m)	couve-flor (f)
كرنب بروكسل	kurumb brūksil (m)	couve-de-bruxelas (f)
بركولي	brukuli (m)	brócolos (m pl)
بنجر	banʒar (m)	beterraba (f)
باذنجان	bātinʒān (m)	beringela (f)
كوسة	kūsa (f)	curgete (f)
قرع	qarʿ (m)	abóbora (f)
لفت	lift (m)	nabo (m)
بقدونس	baqdūnis (m)	salsa (f)
شبت	ʃabat (m)	funcho, endro (m)
خسّ	χass (m)	alface (f)
كرفس	karafs (m)	aipo (m)
هليون	halyūn (m)	espargo (m)
سبانخ	sabāniχ (m)	espinafre (m)
بسلّة	bisilla (f)	ervilha (f)
فول	fūl (m)	fava (f)
ذرّة	ðura (f)	milho (m)
فاصوليا	faṣūliya (f)	feijão (m)
فلفل	filfil (m)	pimentão (m)
فجل	fiʒl (m)	rabanete (m)
خرشوف	χurʃūf (m)	alcachofra (f)
فاكهة	fākiha (f)	fruta (f)
تفّاحة	tuffāḥa (f)	maçã (f)
كمّثرى	kummaθra (f)	pera (f)
ليمون	laymūn (m)	limão (m)

برتقال	burtuqāl (m)	laranja (f)
فراولة	farawla (f)	morango (m)
يوسفي	yūsufiy (m)	tangerina (f)
برقوق	barqūq (m)	ameixa (f)
دراق	durrāq (m)	pêssego (m)
مشمش	miʃmiʃ (f)	damasco (m)
توت العليق الأحمر	tūt al ʻullayq al aḥmar (m)	framboesa (f)
أناناس	ananās (m)	ananás (m)
موز	mawz (m)	banana (f)
بطّيخ أحمر	baṭṭīχ aḥmar (m)	melancia (f)
عنب	ʻinab (m)	uva (f)
بطّيخ أصفر	baṭṭīχ aṣfar (f)	meloa (f), melão (m)
زنباع	zinbāʻ (m)	toranja (f)
افوكاتو	avukādu (f)	abacate (m)
بابايا	babāya (m)	papaia (f), mamão (m)
مانجو	mangu (m)	manga (f)
رمان	rummān (m)	romã (f)
كشمش أحمر	kiʃmiʃ aḥmar (m)	groselha (f) vermelha
عنب الثعلب الأسود	ʻinab aθ θaʻlab al aswad (m)	groselha (f) preta
عنب الثعلب	ʻinab aθ θaʻlab (m)	groselha (f) espinhosa
عنب الأحراج	ʻinab al aḥrāʒ (m)	mirtilo (m)
ثمر العليّق	θamar al ʻullayk (m)	amora silvestre (f)
زبيب	zabīb (m)	uvas (f pl) passas
تين	tīn (m)	figo (m)
تمر	tamr (m)	tâmara (f)
فول سوداني	fūl sudāniy (m)	amendoim (m)
لوز	lawz (m)	amêndoa (f)
عين الجمل	ʻayn al ʒamal (f)	noz (f)
بندق	bunduq (m)	avelã (f)
جوز هند	ʒawz al hind (m)	coco (m)
فستق	fustuq (m)	pistáchios (m pl)
حلويّات	ḥalawiyyāt (pl)	pastelaria (f)
بسكويت	baskawīt (m)	bolacha (f)
شكولاتة	ʃukulāta (f)	chocolate (m)
بالشكولاتة	biʃ ʃukulāta	de chocolate
بونبون	bumbūn (m)	rebuçado (m)
كعك	kaʻk (m)	bolo (m)
تورتة	tūrta (f)	bolo (m) de aniversário
فطيرة	fatīra (f)	tarte (f)
حشوة	ḥaʃwa (f)	recheio (m)
مربى	murabba (m)	doce (m)
مرملاد	marmalād (f)	geleia (f) de frutas
وافل	wāfil (m)	waffle (m)
مثلّجات	muθallaʒāt (pl)	gelado (m)
وجبة	waʒba (f)	prato (m)
مطبخ	maṭbaχ (m)	cozinha (f)
وصفة	waṣfa (f)	receita (f)
وجبة	waʒba (f)	porção (f)
سلطة	sulṭa (f)	salada (f)
شوربة	ʃūrba (f)	sopa (f)
مرق	maraq (m)	caldo (m)

ساندويتش	sandawitʃ (m)	sandes (f)
بيض مقلي	bayḍ maqliy (m)	ovos (m pl) estrelados
هامبورجر	hamburger (m)	hambúrguer (m)
بفتيك	biftīk (m)	bife (m)
طبق جانبي	ṭabaq ӡānibiy (m)	conduto (m)
سباغيتي	spaɣitti (m)	espaguete (m)
هريس بطاطس	harīs baṭāṭis (m)	puré (m) de batata
بيتزا	bītza (f)	pizza (f)
عصيدة	ʿaṣīda (f)	papa (f)
بيض مخفوق	bayḍ maxfūq (m)	omelete (f)
مسلوق	maslūq	cozido
مدخّن	mudaxxin	fumado
مقلي	maqliy	frito
مجفّف	muӡaffaf	seco
مجمّد	muӡammad	congelado
مخلّل	muxallil	em vinagre
مسكّر	musakkar	doce, açucarado
مالح	mālih	salgado
بارد	bārid	frio
ساخن	sāxin	quente
مرّ	murr	amargo
لذيذ	laðīð	gostoso
قشرة	qiʃra (f)	casca (f)
فلفل أسود	filfil aswad (m)	pimenta (f) preta
فلفل أحمر	filfil aḥmar (m)	pimenta (f) vermelha
صلصة الخردل	ṣalṣat al xardal (f)	mostarda (f)
فجل حارّ	fiӡl ḥārr (m)	raiz-forte (f)
تابل	tābil (m)	condimento (m)
بهار	bahār (m)	especiaria (f)
صلصة	ṣalṣa (f)	molho (m)
خلّ	xall (m)	vinagre (m)
يانسون	yānsūn (m)	anis (m)
ريحان	rīḥān (m)	manjericão (m)
قرنفل	qurumful (m)	cravo (m)
زنجبيل	zanӡabīl (m)	gengibre (m)
كزبرة	kuzbara (f)	coentro (m)
قرفة	qirfa (f)	canela (f)
سمسم	simsim (m)	sésamo (m)
أوراق الغار	awrāq al ɣār (pl)	folhas (f pl) de louro
بابريكا	babrika (f)	páprica (f)
كراوية	karāwiya (f)	cominho (m)
زعفران	zaʿfarān (m)	açafrão (m)
أكل	akl (m)	comida (f)
فطور	fuṭūr (m)	pequeno-almoço (m)
غداء	ɣadāʾ (m)	almoço (m)
عشاء	ʿaʃāʾ (m)	jantar (m)
شهيّة	ʃahiyya (f)	apetite (m)
!هنيئًا مريئًا	hanīʾan marīʾan!	Bom apetite!
طعم	ṭaʿm (m)	sabor, gosto (m)
المذاق العالي فى الفم	al maðāq al ʿāliq fil fam (m)	gostinho (m)
حمية غذائية	ḥimya ɣaðāʾiyya (f)	dieta (f)
فيتامين	vitamīn (m)	vitamina (f)

سعرة حرارية	su'ra ḥarāriyya (f)	caloria (f)
نباتيّ	nabātiy (m)	vegetariano (m)
نباتيّ	nabātiy	vegetariano
دهون	duhūn (pl)	gorduras (f pl)
بروتينات	brutināt (pl)	proteínas (f pl)
نشويّات	naʃawiyyāt (pl)	hidratos (m pl) de carbono
شريحة	ʃarīḥa (f)	fatia (f)
قطعة	qiṭ'a (f)	bocado, pedaço (m)
فتاتة	futāta (f)	migalha (f)
ملعقة	mil'aqa (f)	colher (f)
سكّين	sikkīn (m)	faca (f)
شوكة	ʃawka (f)	garfo (m)
فنجان	finʒān (m)	chávena (f)
طبق	ṭabaq (m)	prato (m)
خلّة أسنان	χallat asnān (f)	palito (m)
بار	bār (m)	bar (m)
نادل	nādil (m)	empregado (m) de mesa
نادلة	nādila (f)	empregada (f) de mesa
بارمان	bārman (m)	barman (m)
قائمة طعام	qā'imat aṭ ṭa'ām (f)	ementa (f)
قائمة خمور	qā'imat al χumūr (f)	lista (f) de vinhos
شراب	ʃarāb (m)	aperitivo (m)
مقبّلات	muqabbilāt (pl)	entrada (f)
حلويّات	ḥalawiyyāt (pl)	sobremesa (f)
حساب	ḥisāb (m)	conta (f)
بقشيش	baqʃīʃ (m)	gorjeta (f)
ملعقة شاي	mil'aqat ʃāy (f)	colher (f) de chá
ملعقة كبيرة	mil'aqa kabīra (f)	colher (f) de sopa
فتّاحة	fattāḥa (f)	abridor (m) de garrafas
فتّاحة	fattāḥa (f)	abre-latas (m)
بريمة	barrīma (f)	saca-rolhas (m)
أبراميس	abramīs (m)	brema (f)
شبّوط	ʃabbūṭ (m)	carpa (f)
فرخ	farχ (m)	perca (f)
قرموط	qarmūṭ (m)	siluro (m)
سلمون أطلسيّ	salmūn aṭlasiy (m)	salmão (m)
سمك مفلطح	samak mufalṭaḥ (f)	solha (f)
سمك سندر	samak sandar (m)	zander (m)
قرش	qirʃ (m)	tubarão (m)
فطر	fuṭr (f)	cogumelo (m)
فطر صالح للأكل	fuṭr ṣāliḥ lil akl (m)	cogumelo (m) comestível
فطر سامّ	fuṭr sāmm (m)	cogumelo (m) venenoso
فطر بوليط مأكول	fuṭr bulīṭ ma'kūl (m)	cepe-de-bordéus (m)
فطر أحمر	fuṭr aḥmar (m)	boleto (m) áspero
فطر بوليط	fuṭr bulīṭ (m)	boleto (m) castanho
فطر كويزي	fuṭr kwīzi (m)	cantarelo (m)
فطر روسّولا	fuṭr russūla (m)	rússula (f)
فطر الغوشنة	fuṭr al ɣūʃna (m)	morchela (f)
فطر أمانيت الطائر السامّ	fuṭr amānīt aṭ ṭā'ir as sāmm (m)	agário-das-moscas (m)
فطر أمانيت فالوسياني السامّ	fuṭr amānīt falusyāniy as sāmm (m)	cicuta (f) verde

توت أحمر بريّ	tūt aḥmar barriy (m)	oxicoco (m)
كيوي	kiwi (m)	kiwi (m)
حبّة	ḥabba (f)	baga (f)
حبّات	ḥabbāt (pl)	bagas (f pl)
عنب الثور	ʿinab aθ θawr (m)	arando (m) vermelho
فراولة برّيّة	farāwla barriyya (f)	morango-silvestre (m)
حبوب	ḥubūb (pl)	grão (m)
محاصيل الحبوب	maḥāṣīl al ḥubūb (pl)	cereais (m pl)
سنبلة	sumbula (f)	espiga (f)
قمح	qamḥ (m)	trigo (m)
جاودار	ʒāwdār (m)	centeio (m)
شوفان	ʃūfān (m)	aveia (f)
دخن	duxn (m)	milho-miúdo (m)
شعير	ʃaʿīr (m)	cevada (f)
ذرّة	ðura (f)	milho (m)
حنطة سوداء	ḥinṭa sawdāʾ (f)	trigo-sarraceno (m)
فول الصويا	fūl aṣ ṣūya (m)	soja (f)
عدس	ʿadas (m)	lentilha (f)
بودنج	būding (m)	pudim (m)
ثمر	θamr (m)	frutas (f pl)